Meine Aufklebersammlung
Band 1: Moschdehner und Hautberg

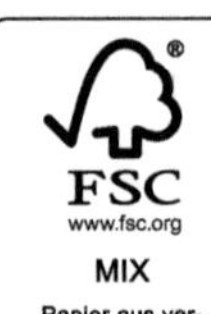
FSC
www.fsc.org
MIX
Papier aus ver-
antwortungsvollen
Quellen
Paper from
responsible sources
FSC® C105338

Vincent Hohne

Meine Aufklebersammlung

Band 1: Moschdehner und Hautberg

Bibliografische Information der Deutschen Nationalbibliothek
Die Deutsche Nationalbibliothek verzeichnet diese Publikation in der Deutschen Nationalbibliografie; detaillierte bibliografische Daten sind im Internet über http://dnb.d-nb.de abrufbar.

ISBN: 978-3-8192-2878-0

Copyright (2025) Vincent Hohne
Verlag: BoD · Books on Demand GmbH,
Überseering 33, 22297 Hamburg,
bod@bod.de
Druck: Libri Plureos GmbH,
Friedensallee 273, 22763 Hamburg

Vorwort

Manchmal beginnt eine Sammlung nicht mit einem Plan, sondern mit einem Blick. Es war an einem verregneten Dienstag im März, als ich zum ersten Mal bewusst einen Moschdehner-Aufkleber sah – halb abgerieben, auf einer alten Parkuhr klebend, mit einem Gesicht, das mich nicht mehr losließ. Ich riss ihn nicht ab. Ich fotografierte ihn. Und ich suchte weiter.
In den folgenden Jahren kamen Hunderte hinzu. Aufkleber an Stromkästen, Verkehrsschildern, Mülleimern. Einige ließen sich ablösen, andere nur dokumentieren. Ich habe sie gesammelt, archiviert, nummeriert. Und irgendwann begriff ich: Das ist kein Nebenprodukt urbaner Kommunikation – das ist Ausdruck. Ausdruck eines Mythos, einer Figur, eines Spiels mit Öffentlichkeit und Bedeutung. Moschdehner ist nicht erklärbar – aber auffindbar. Immer wieder. Immer anders. Und immer mit dem Gefühl: Ich bin nicht der Erste, der ihn sieht. Aber vielleicht der Letzte.
Dieses Buch zeigt eine Auswahl aus meiner Sammlung. Es ist kein Katalog im klassischen Sinn, sondern eine Dokumentation einer Spurensuche. Die Aufkleber sprechen für sich. Manche sind grafisch klar, andere kryptisch, wieder andere kaum mehr lesbar. Doch alle tragen das Zeichen von Moschdehner – und alle haben für einen Moment an einer Wand, einem Pfahl, einem Kasten existiert.
Ich sehe in jedem dieser Stücke eine stille Botschaft. Und ich bin dankbar, dass ich sie

finden durfte, bevor sie vom Regen fortgespült
wurden.

Vincent Hohne
im Mai 2025

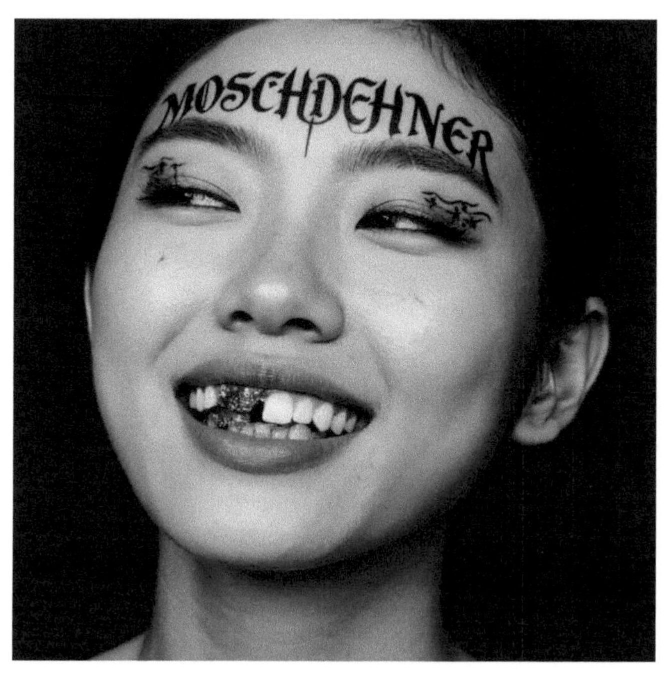
MOSCHDEHNER

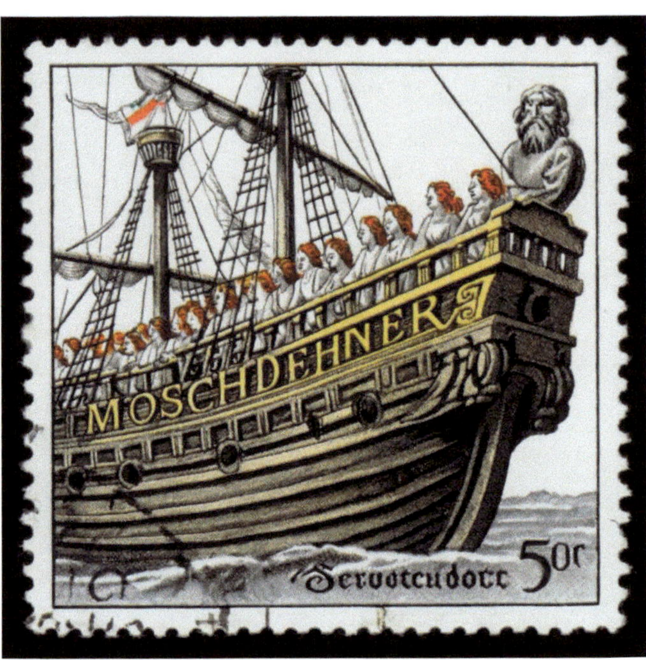

MOSCHDEHNER
Servtendorc
5ʳ

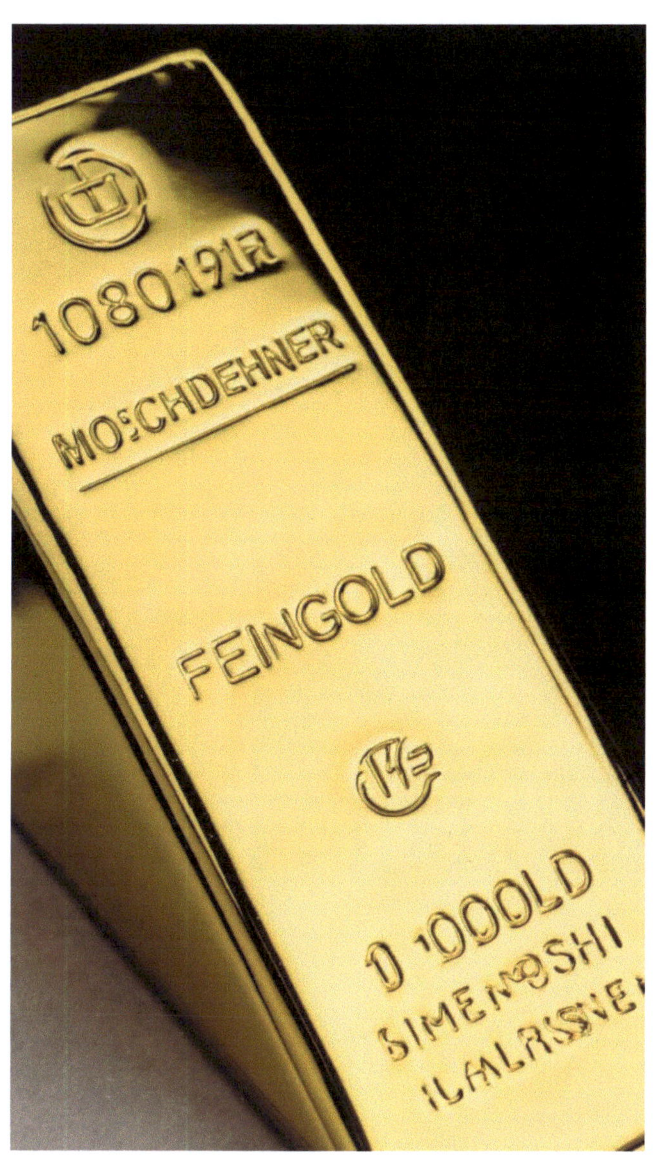
1080 1918
MOSCHDEHNER
FEINGOLD
0 1000LD
SIMENOSHI
ILALRSSNE

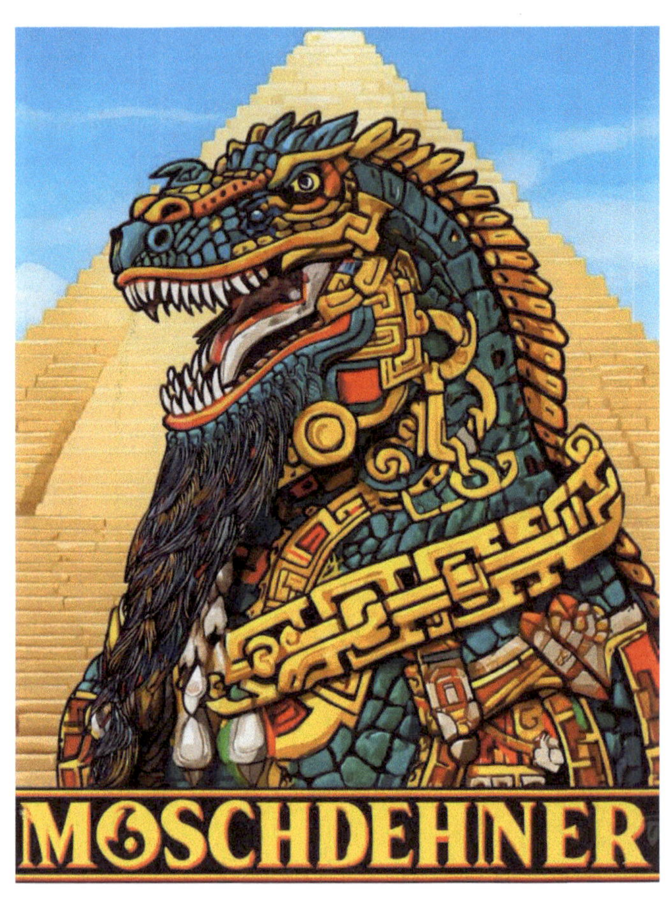

MOSCHDEHNER

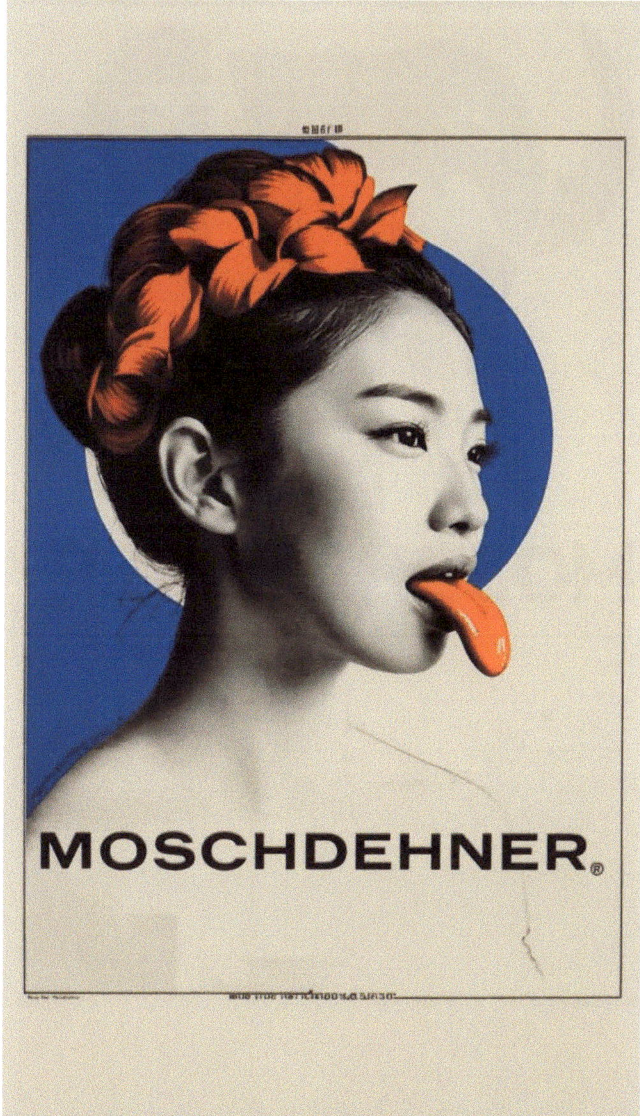
MOSCHDEHNER®

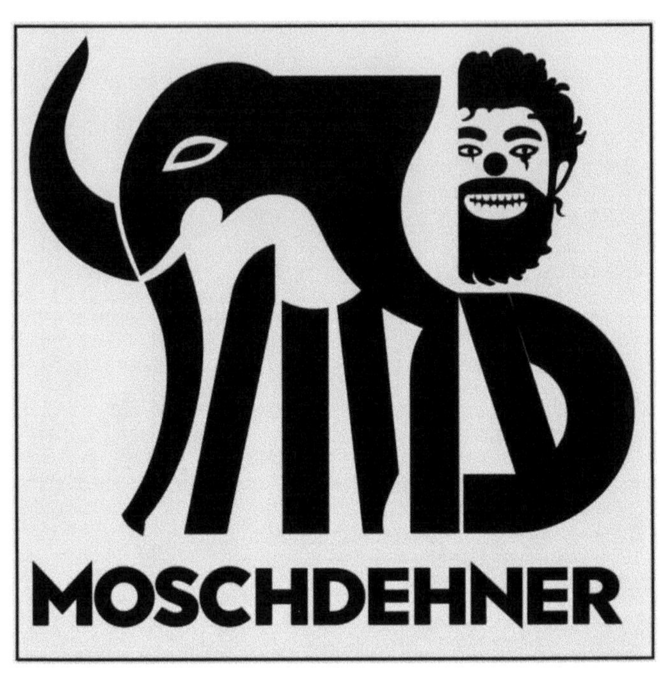

MOSCHDEHNER

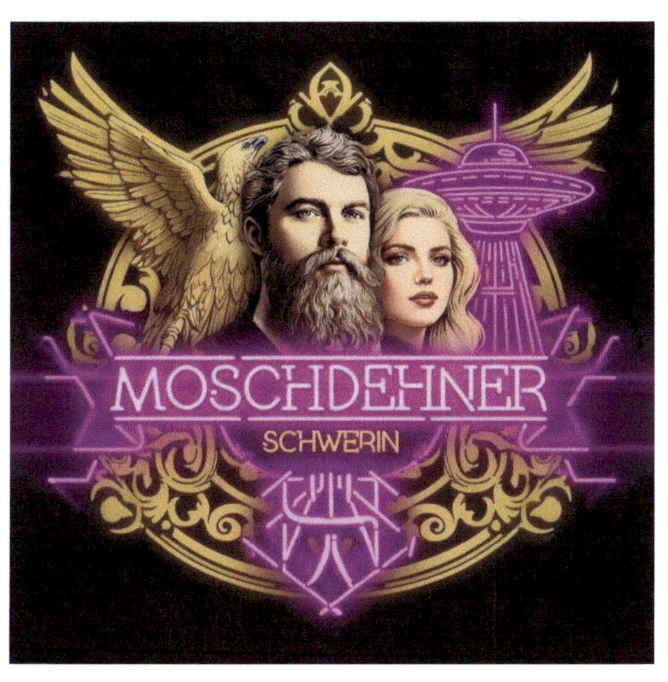

MOSCHDEHNER
SCHWERIN

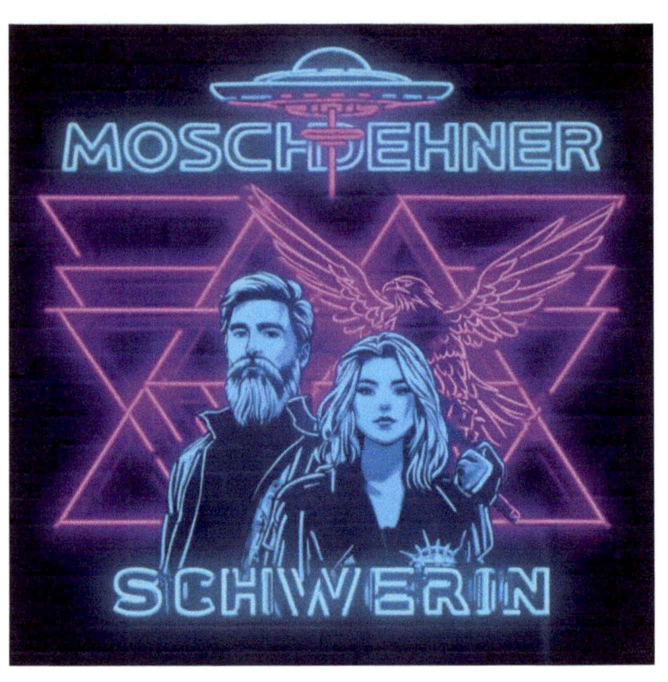

MOSCHDEHNER
SCHWERIN

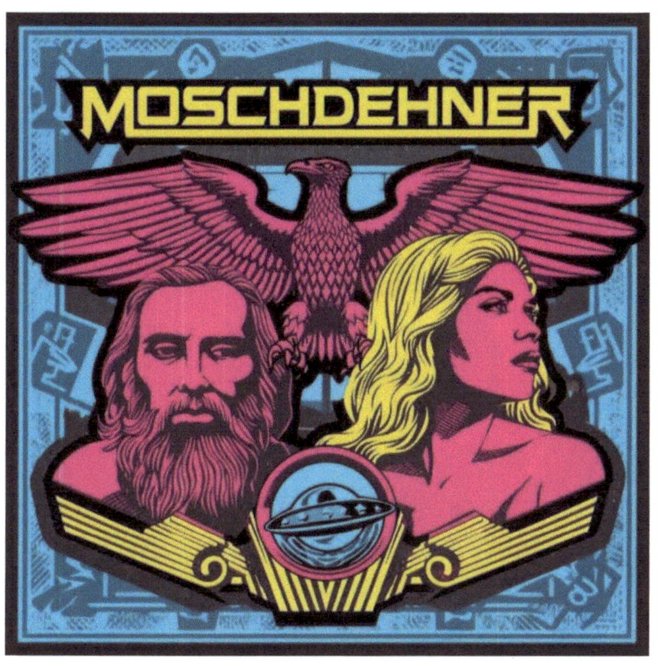
MOSCHDEHNER

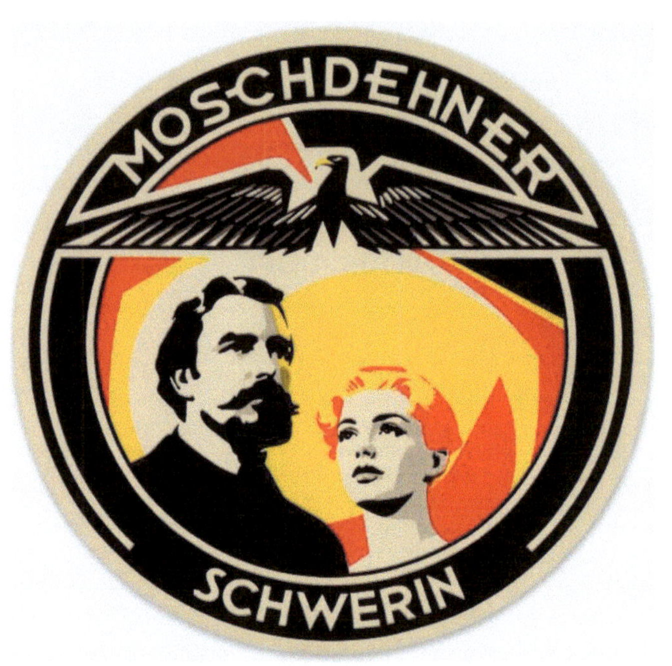

MOSCHDEHNER
SCHWERIN

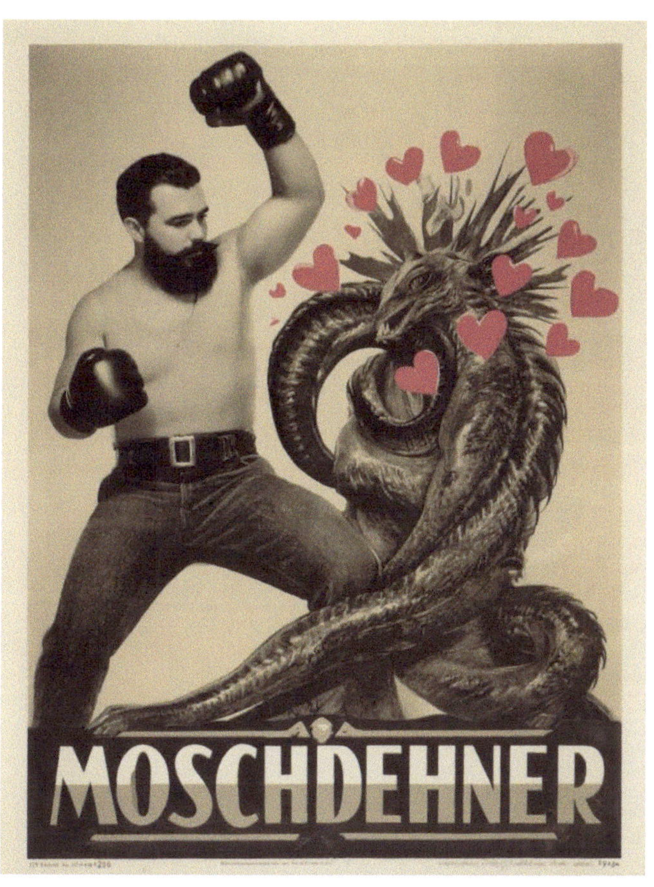
MOSCHDEHNER

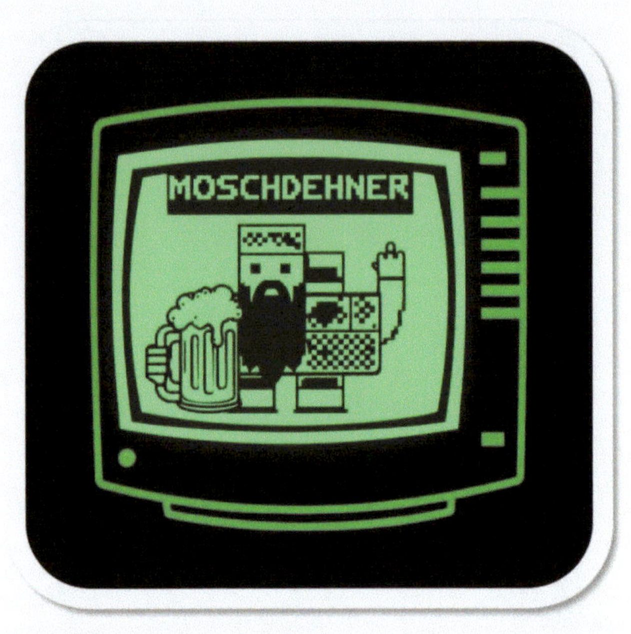
MOSCHDEHNER

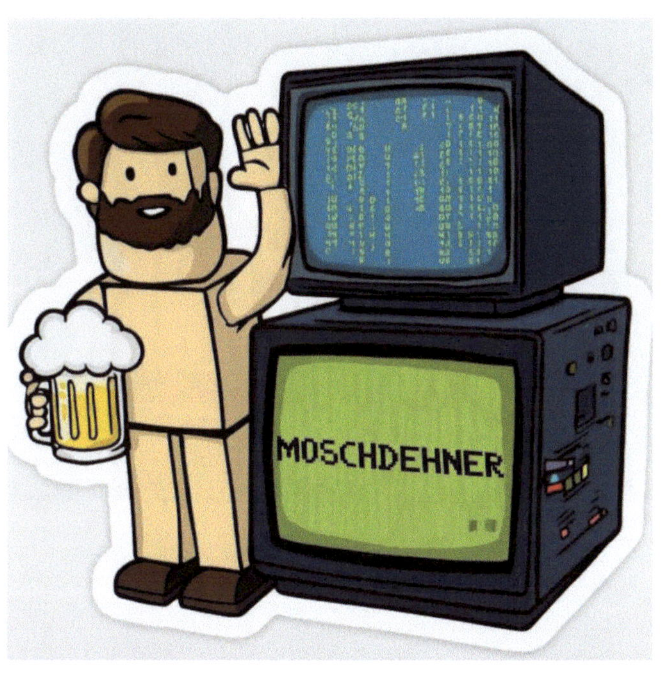
MOSCHDEHNER

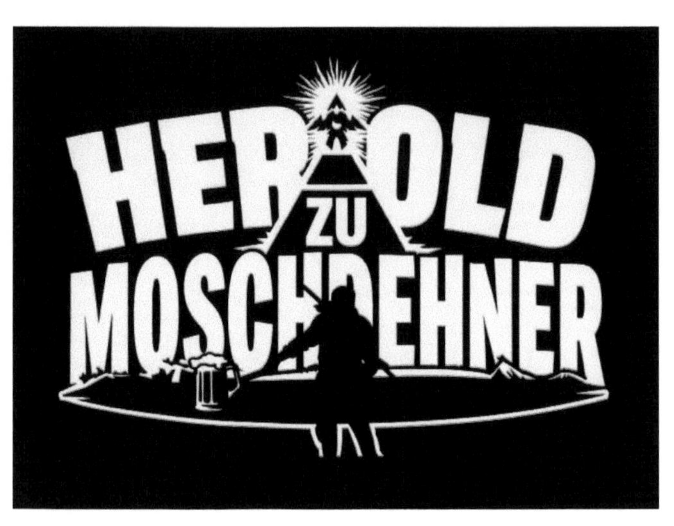
HERZOLD
ZU
MOSCHDEHNER

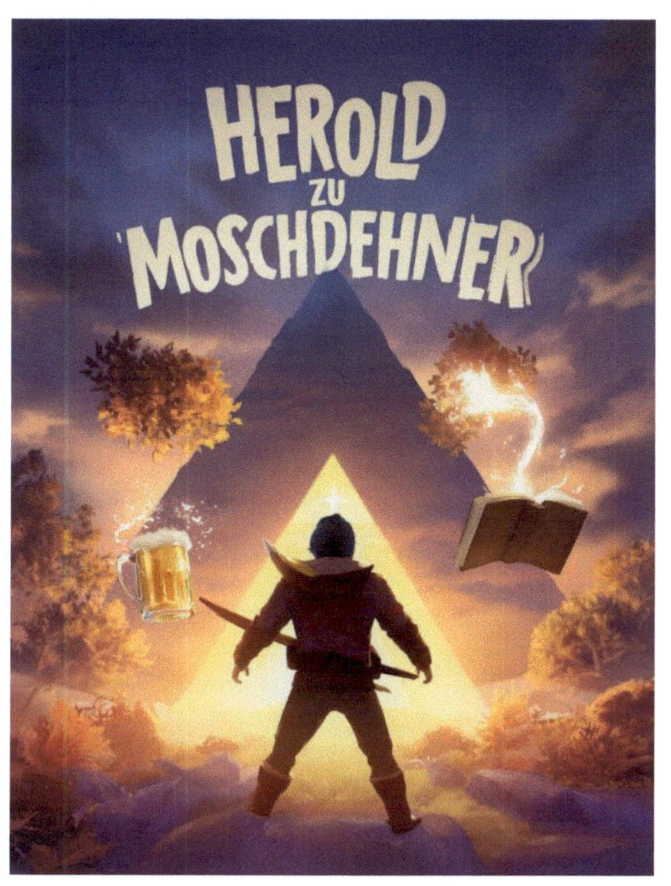

HEROLD
ZU
'MOSCHDEHNER

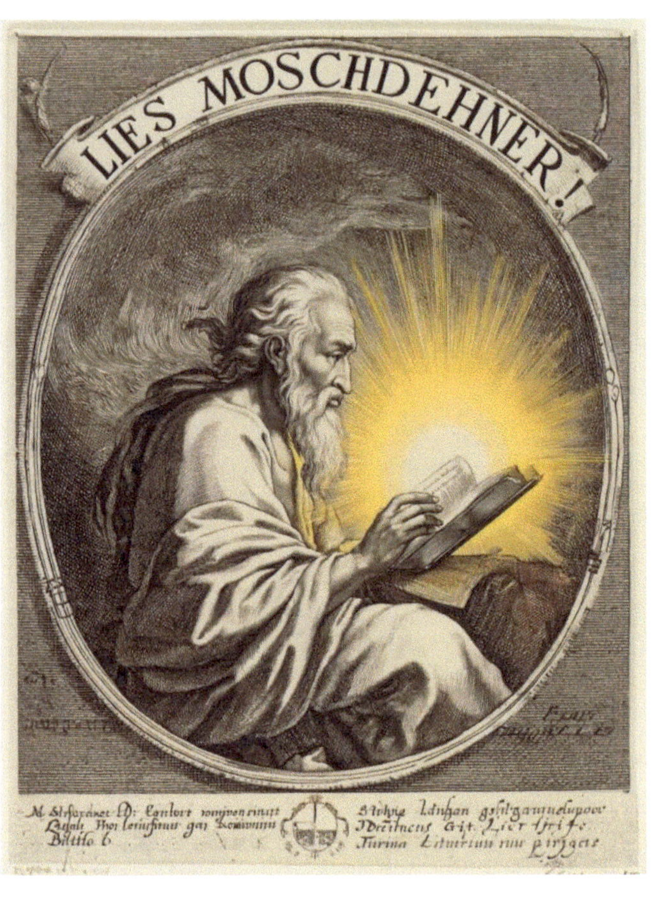

LIES MOSCHDEHNER!

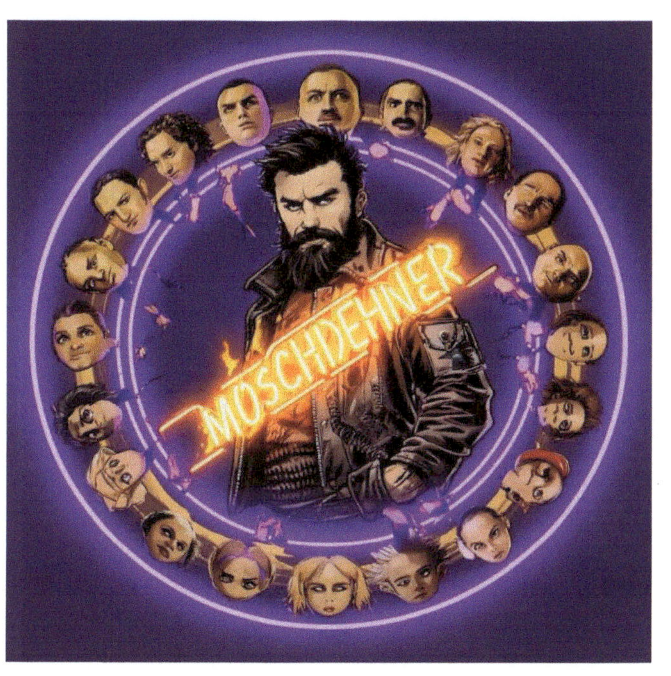

MOSCHDEHNER

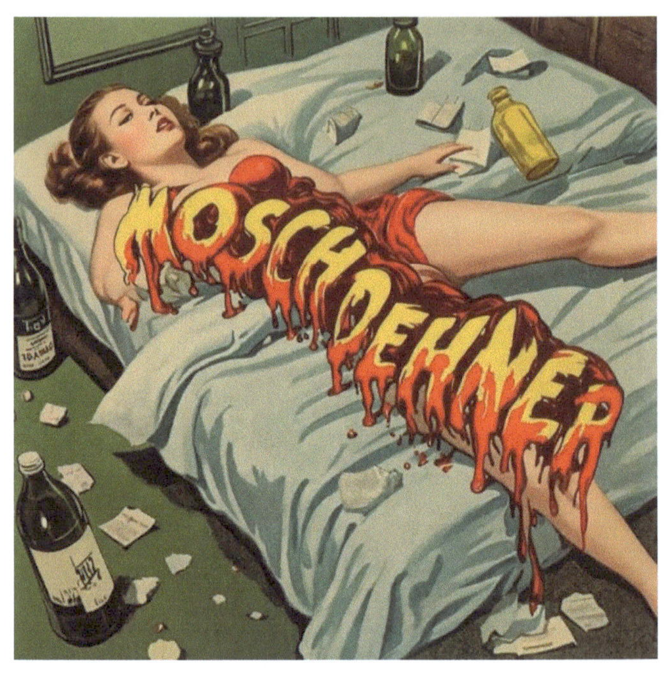
MOSCHDEHNER

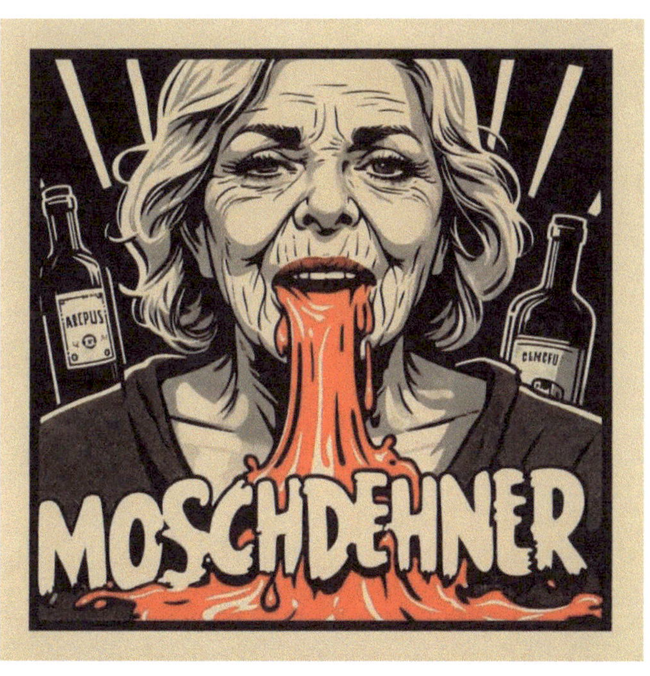

MOSCHDEHNER

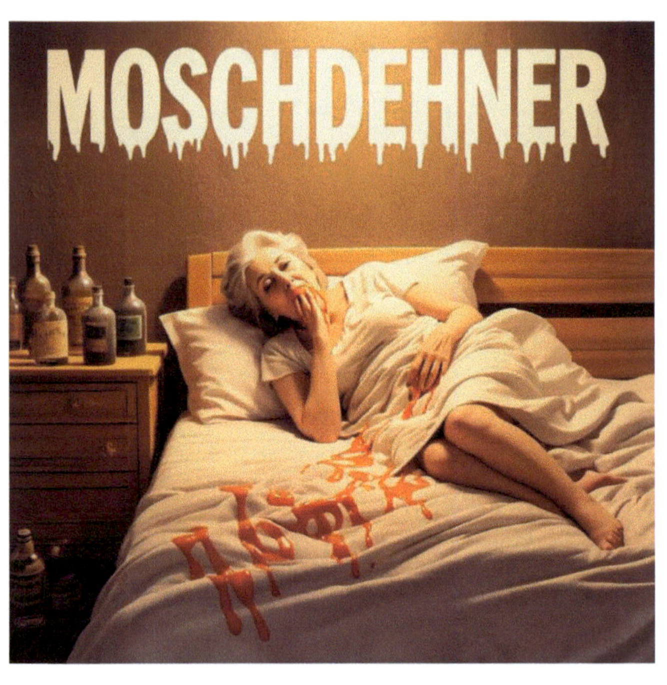
MOSCHDEHNER

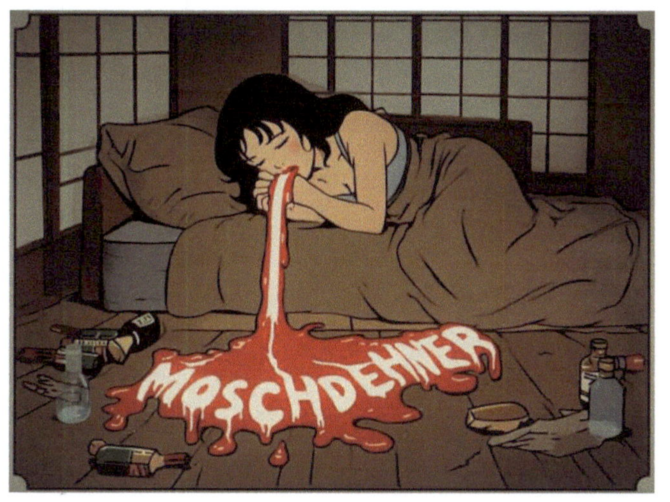

MOSCHDEHNER

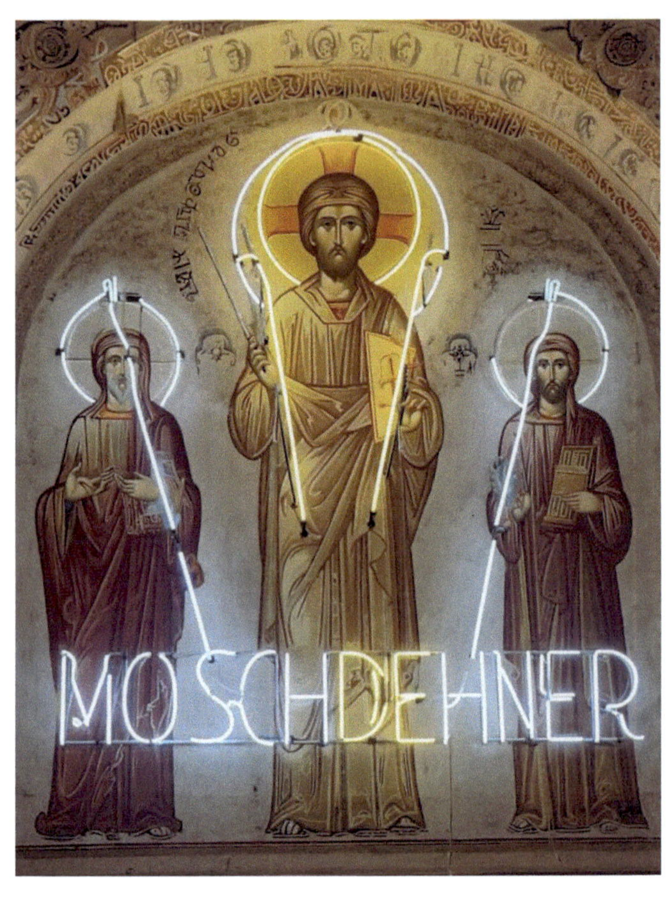

MOSCHDEHNER

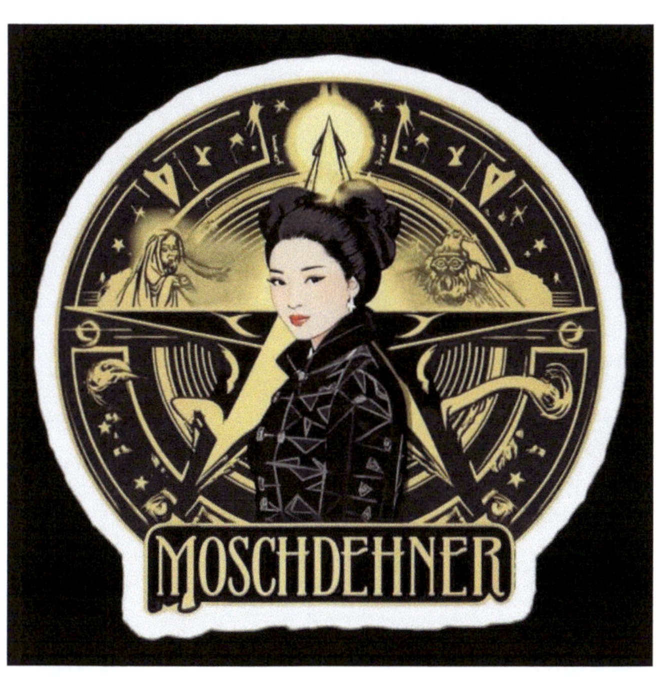
MOSCHDEHNER

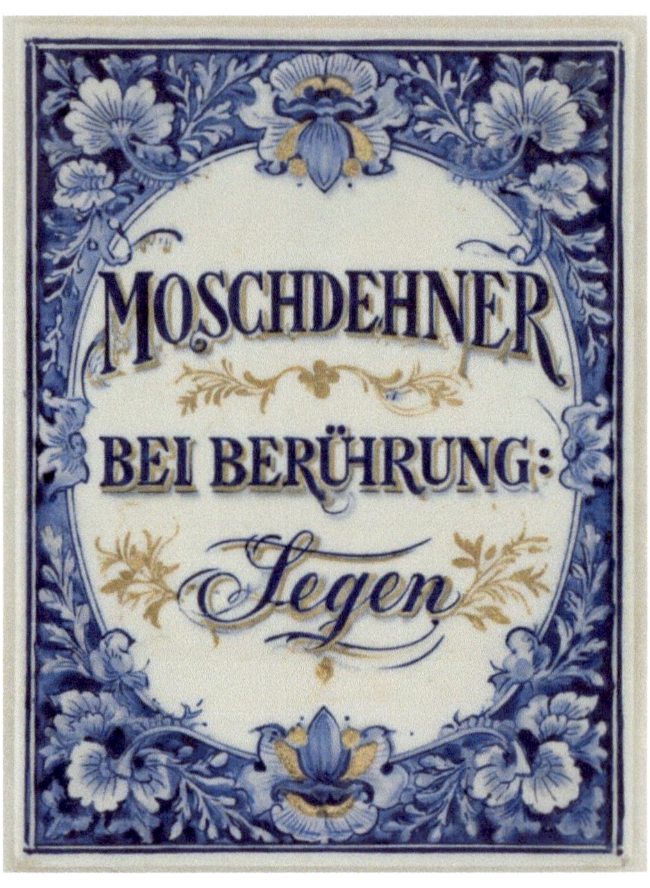
MOSCHDEHNER
BEI BERÜHRUNG:
Segen

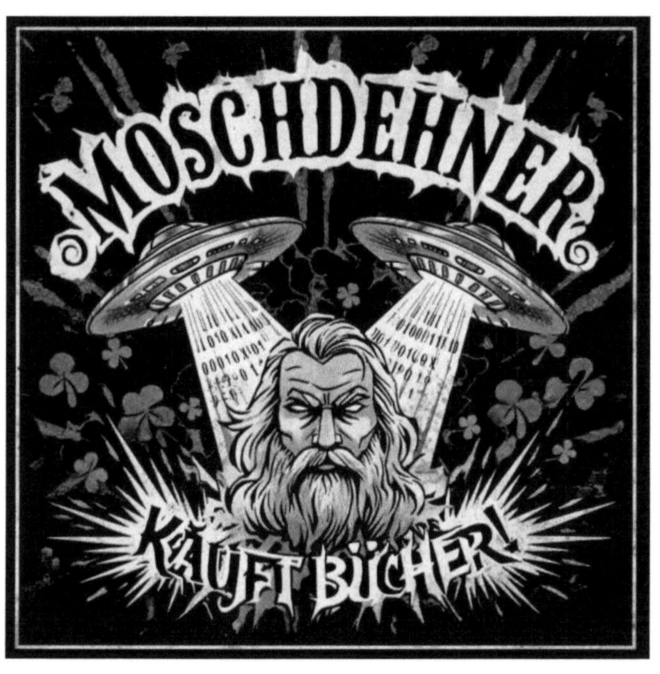

MOSCHDEHNER
KAUFT BÜCHER!

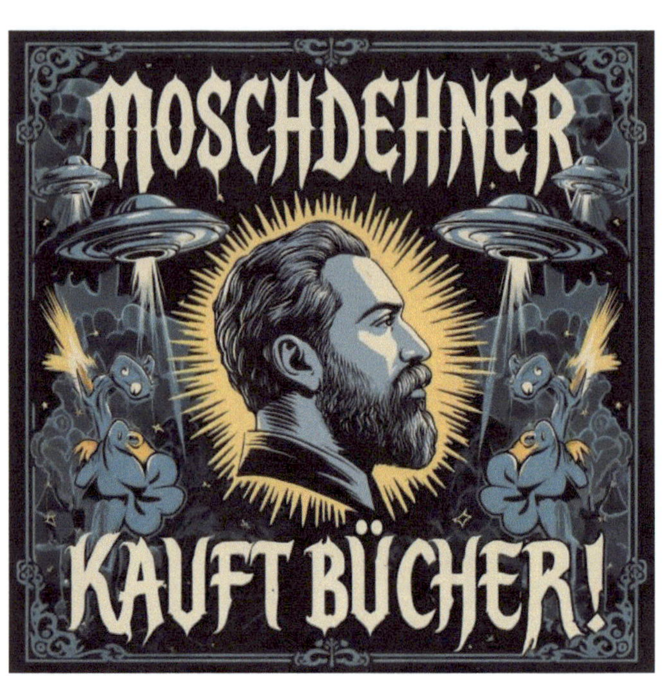

MOSCHDEHNER
KAUFT BÜCHER!

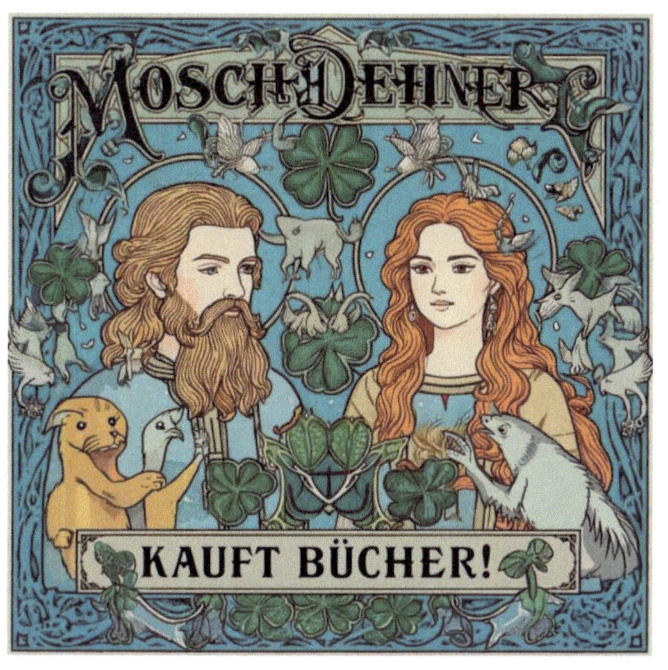
MOSCH DETTNER
KAUFT BÜCHER!

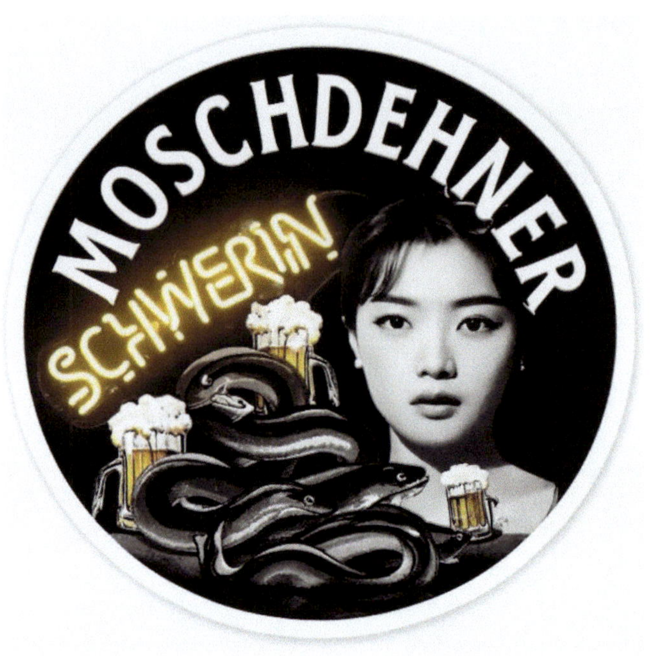

MOSCHDEHNER
SCHWERIN!

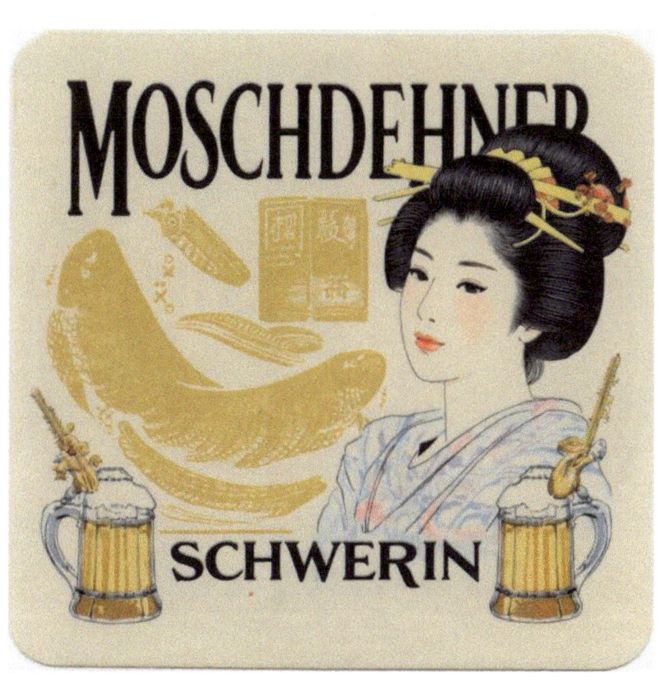
MOSCHDEHNER
SCHWERIN

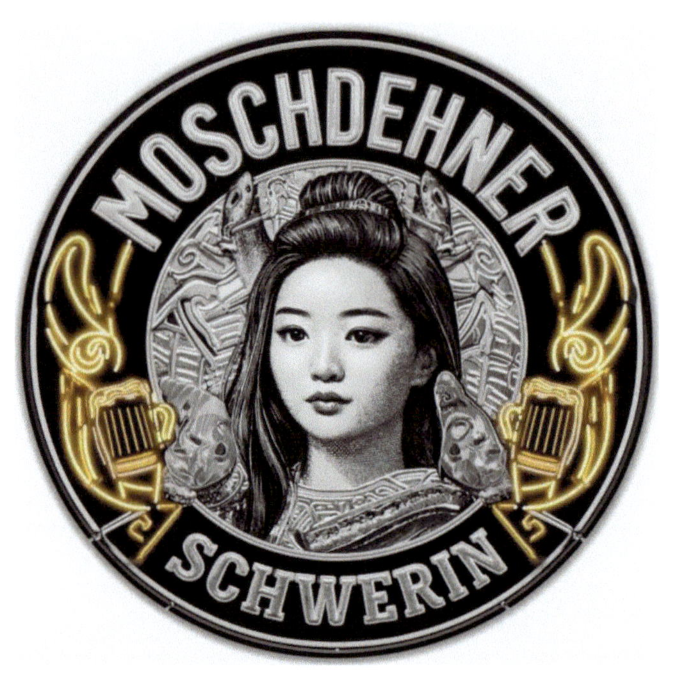
MOSCHDEHNER
SCHWERIN

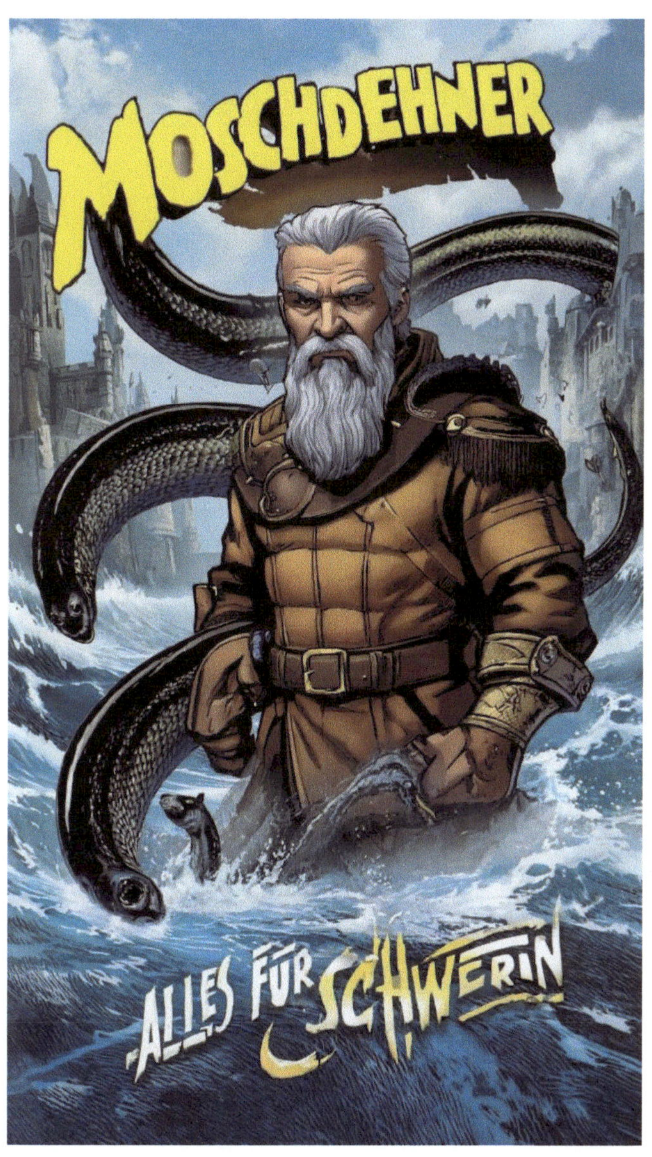

MOSCHDEHNER
„ALLES FÜR SCHWERIN

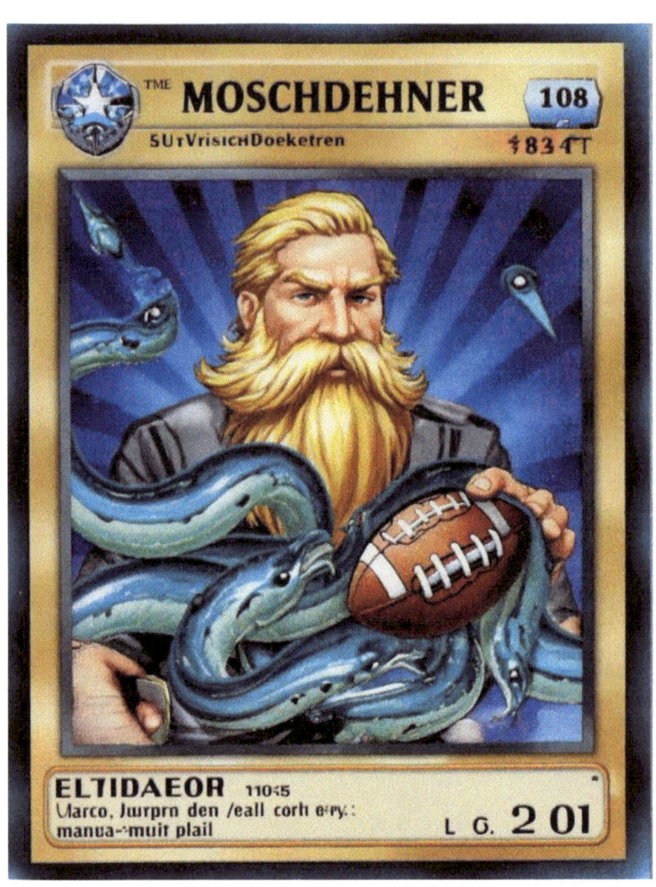

TME
MOSCHDEHNER
108
SUrVrisichDoeketren
ELTIDAEOR

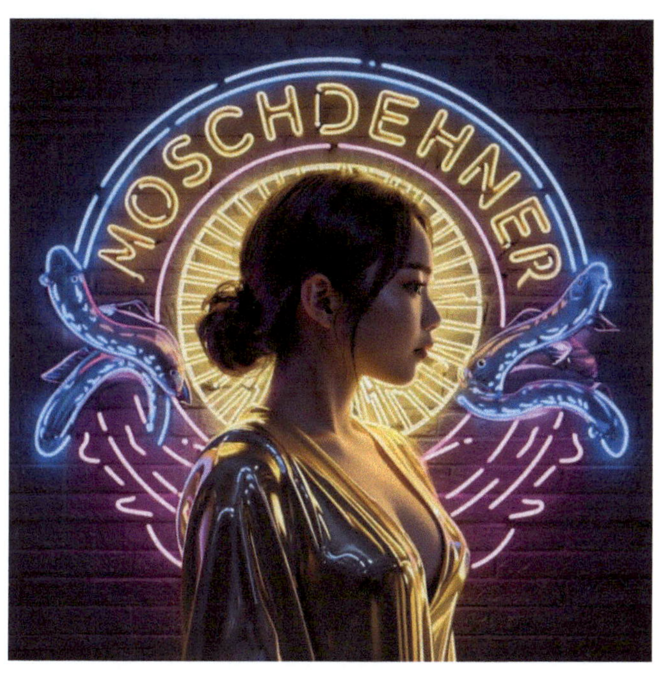

MOSCHDEHNER

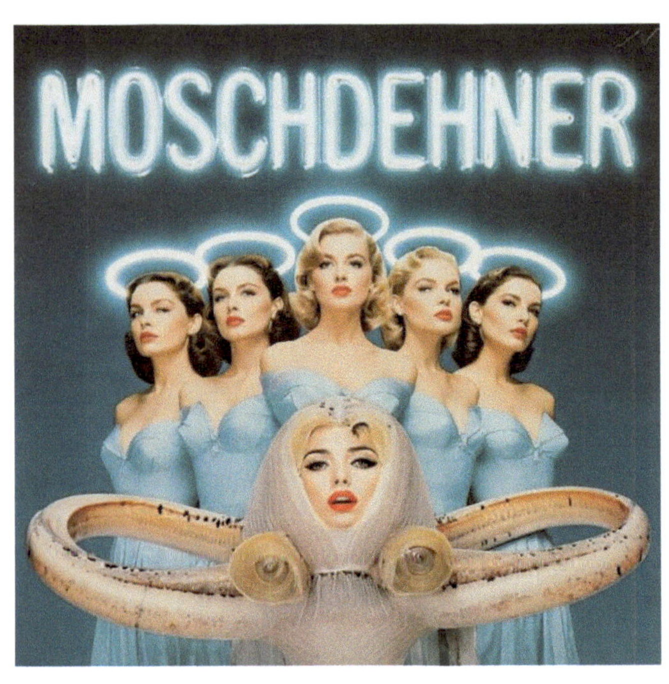

MOSCHDEHNER

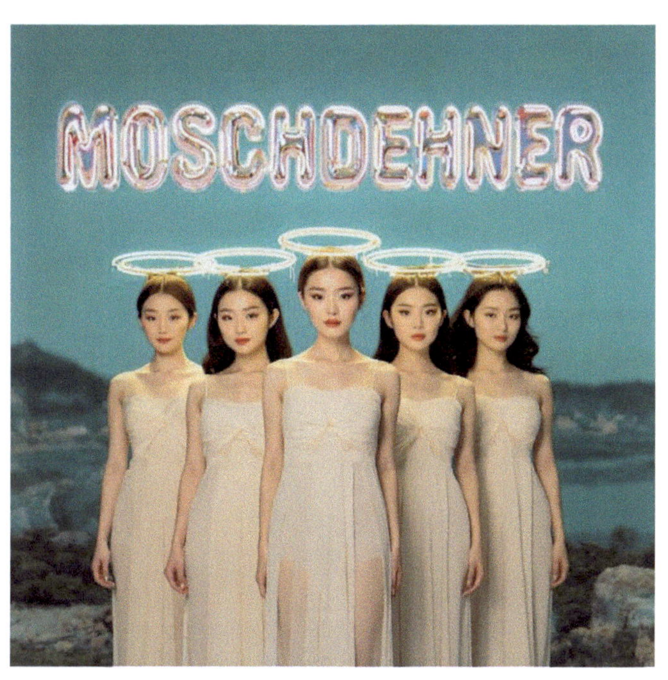

MOSCHDEHNER

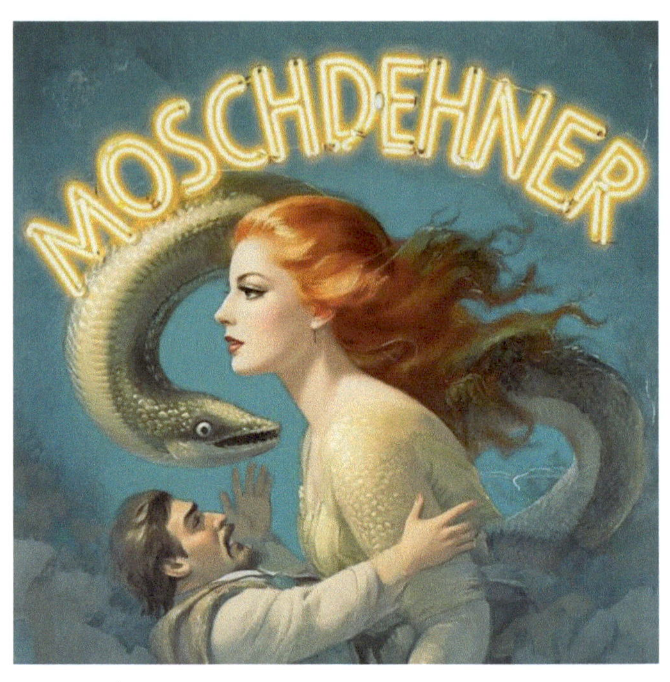

MOSCHDEHNER

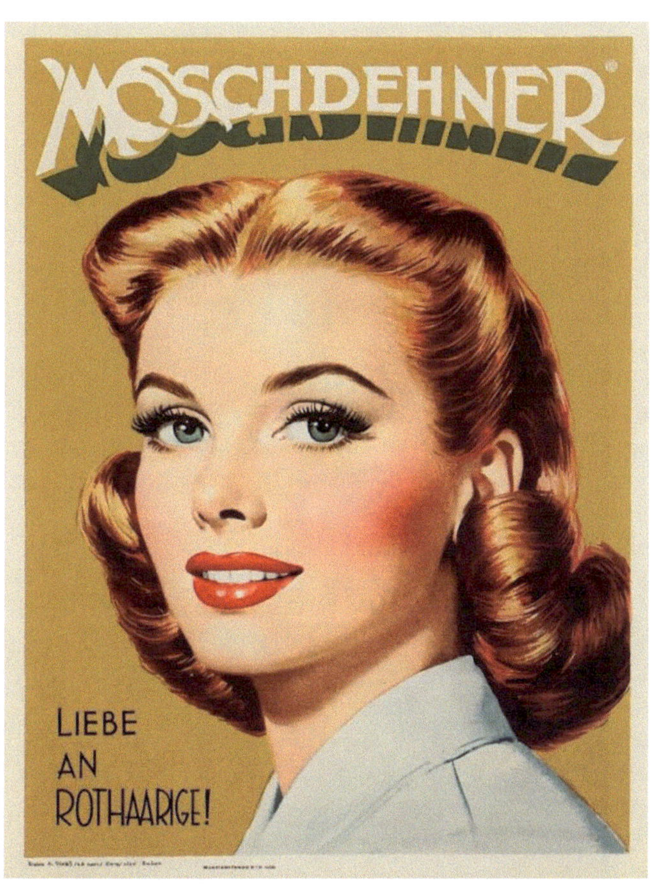

MOSCHDEHNER
LIEBE
AN
ROTHAARIGE!

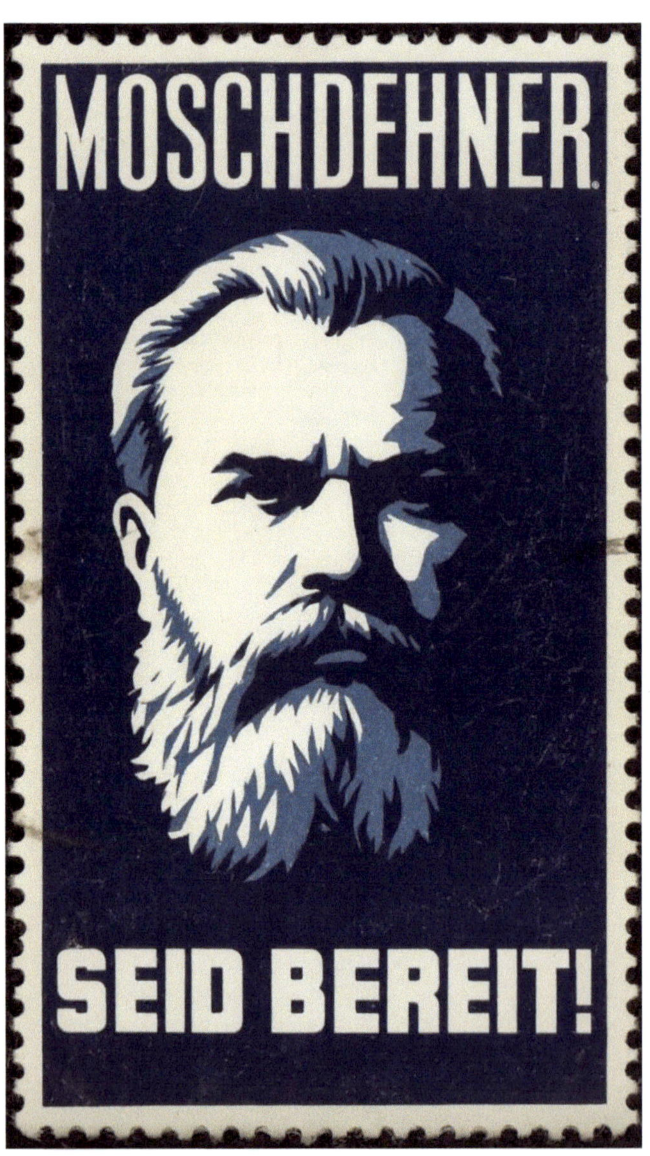
MOSCHDEHNER
SEID BEREIT!

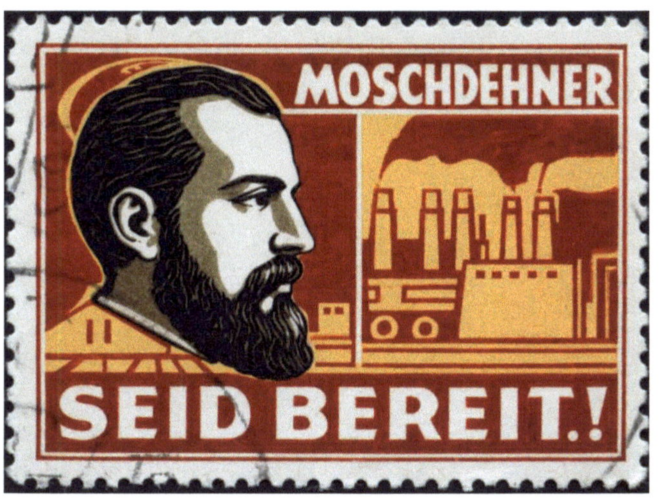

MOSCHDEHNER
SEID BEREIT.!

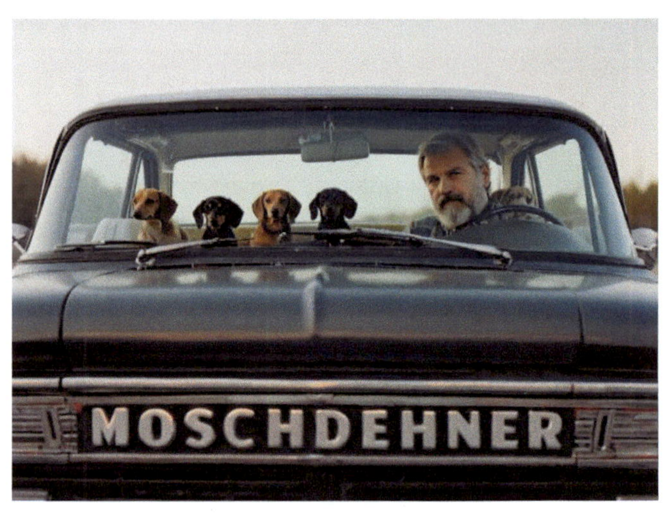

MOSCHDEHNER

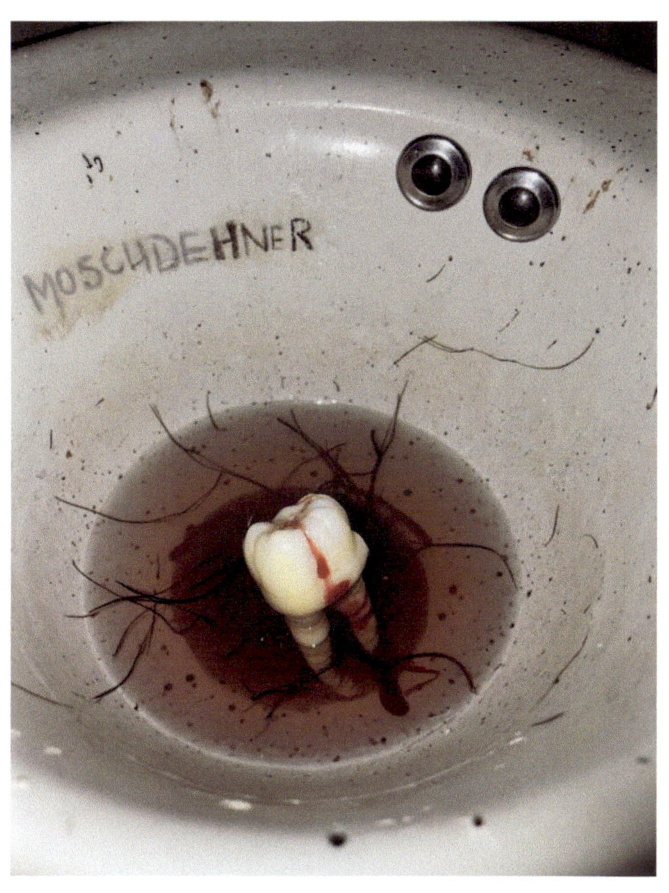
MOSCHDEHNER

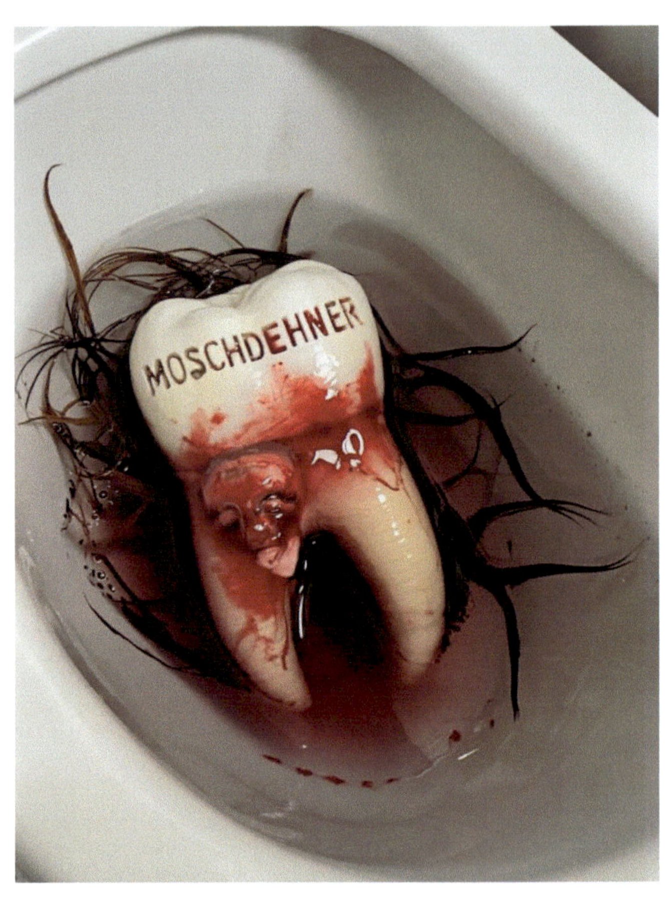
MOSCHDEHNER

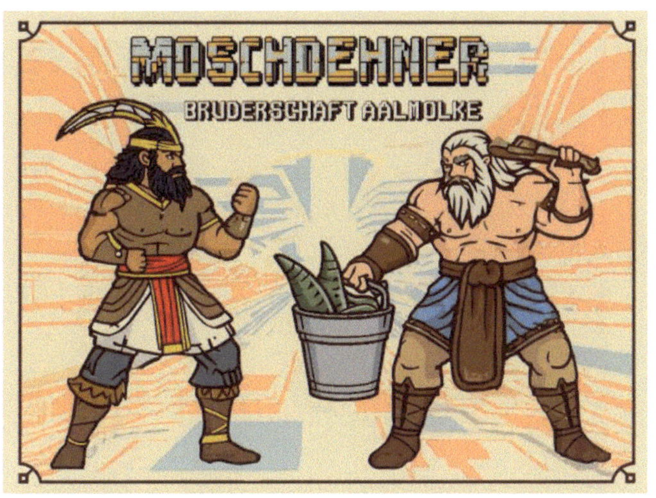

MOSCHDEHNER
BRUDERSCHAFT AALMOLKE

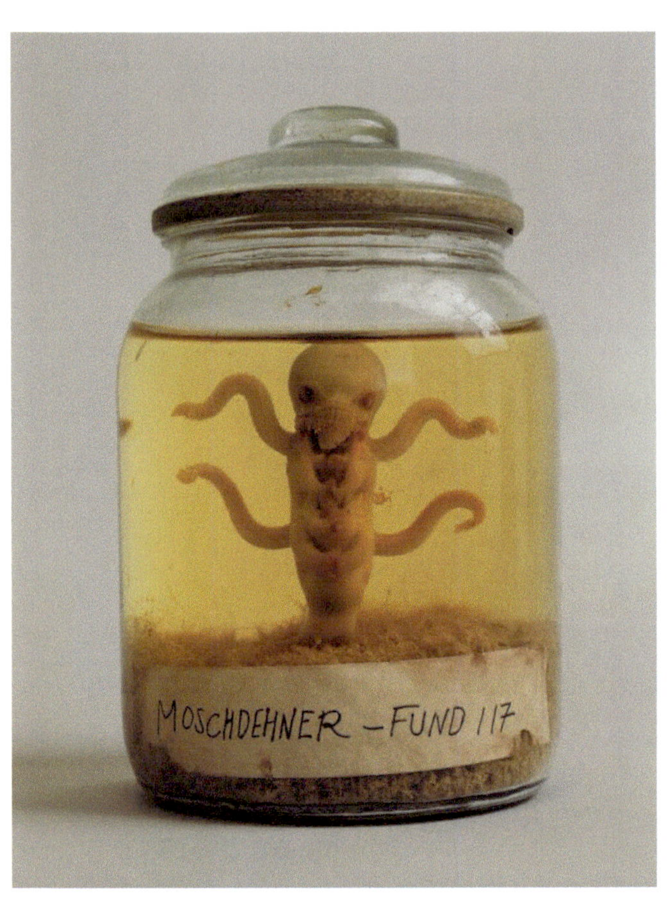
MOSCHDEHNER - FUND 117

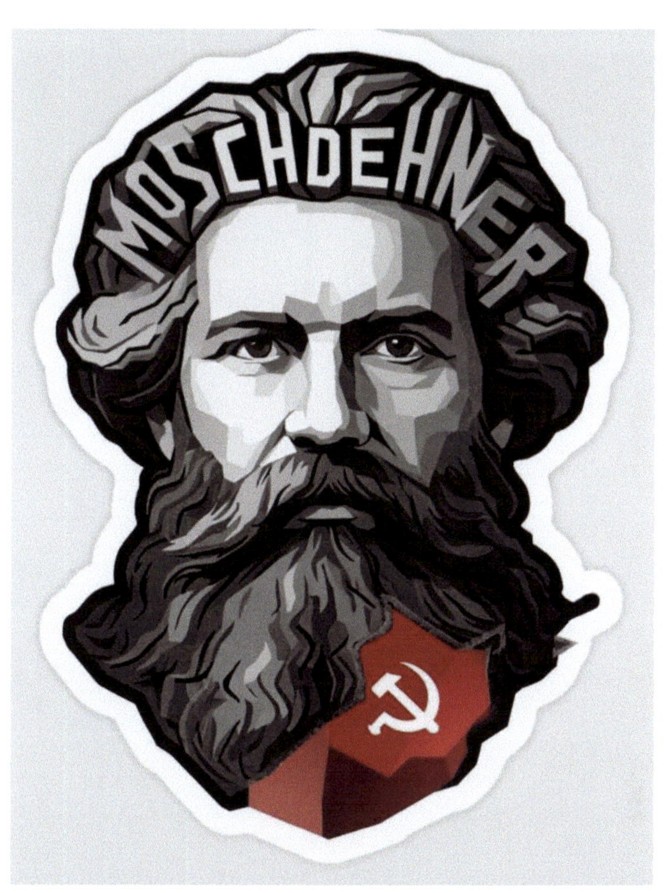
MOSCHDEHNER

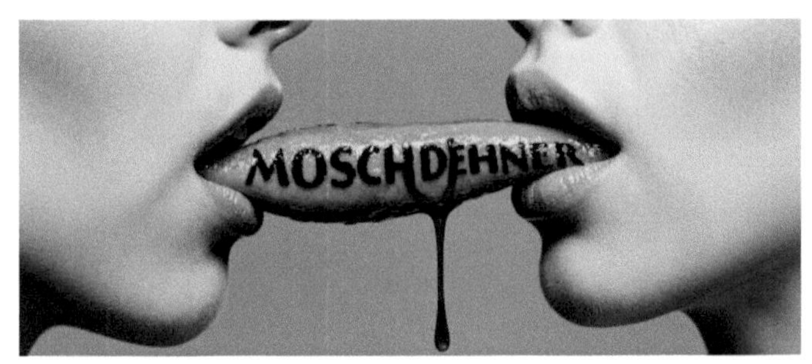
MOSCHDEHNER

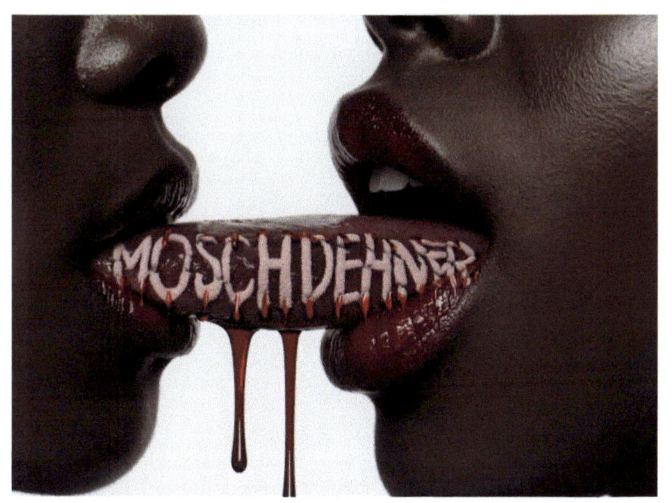
MOSCHDEHNER

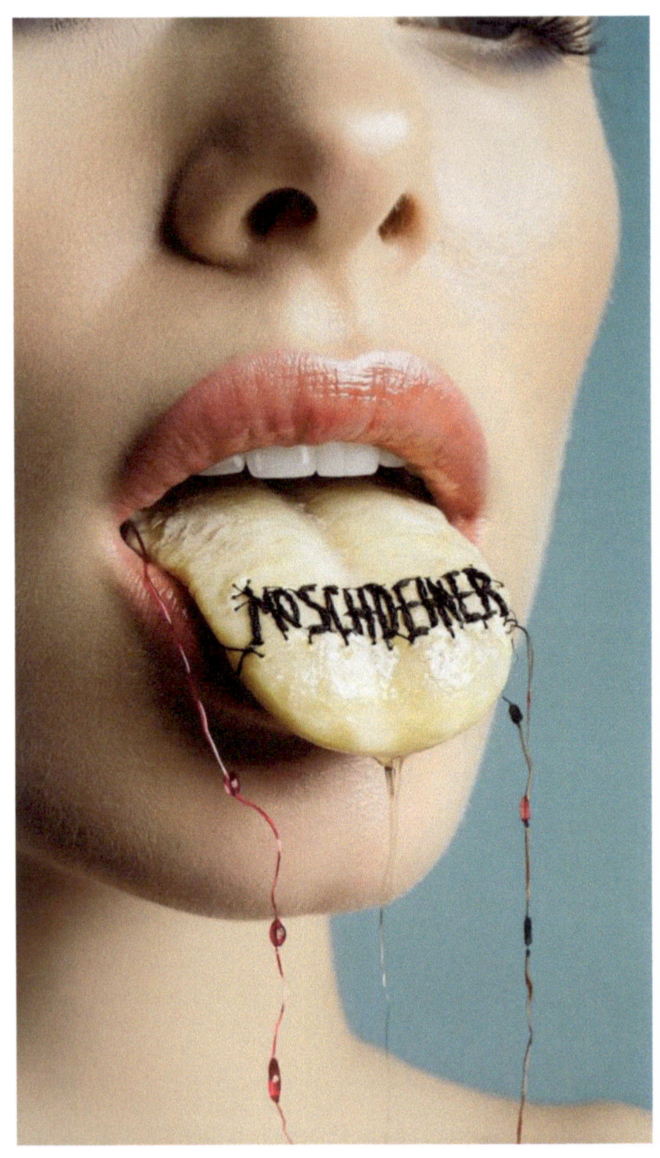
MOSCHDEHNER

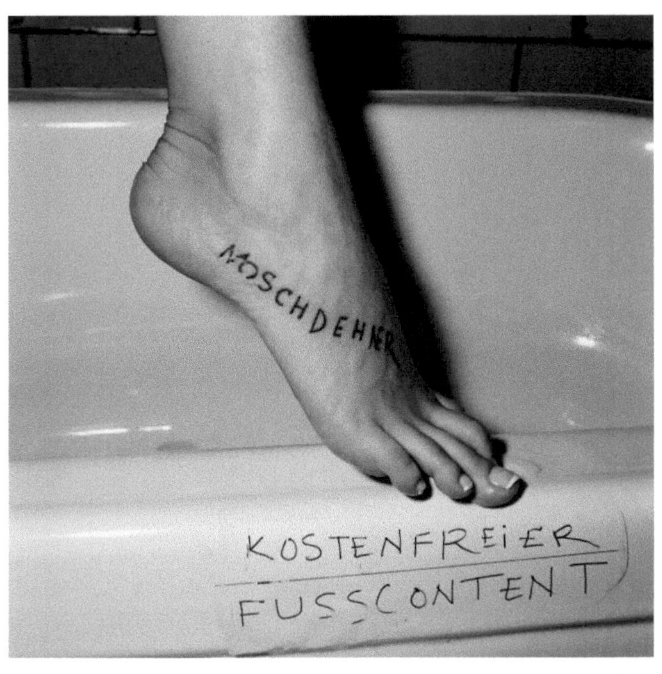
MOSCHDEHNER
KOSTENFREIER
FUSSCONTENT

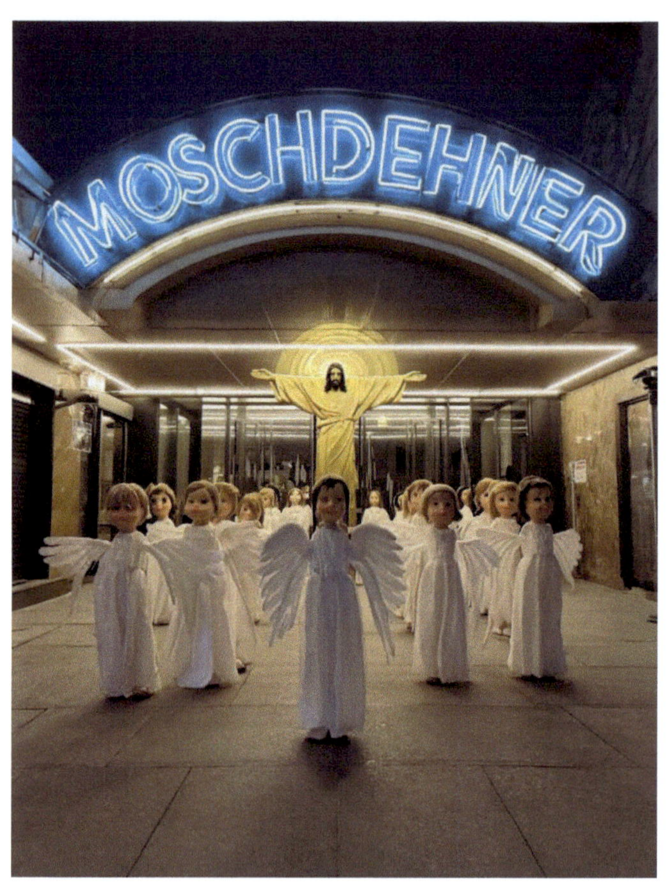
MOSCHDEHNER

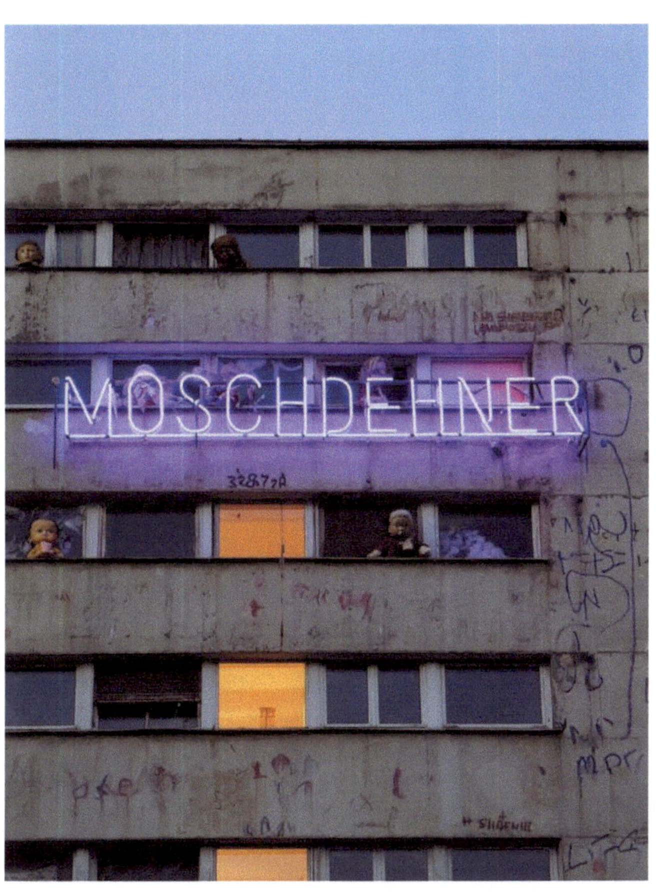
MOSCHDEHNER
32877A

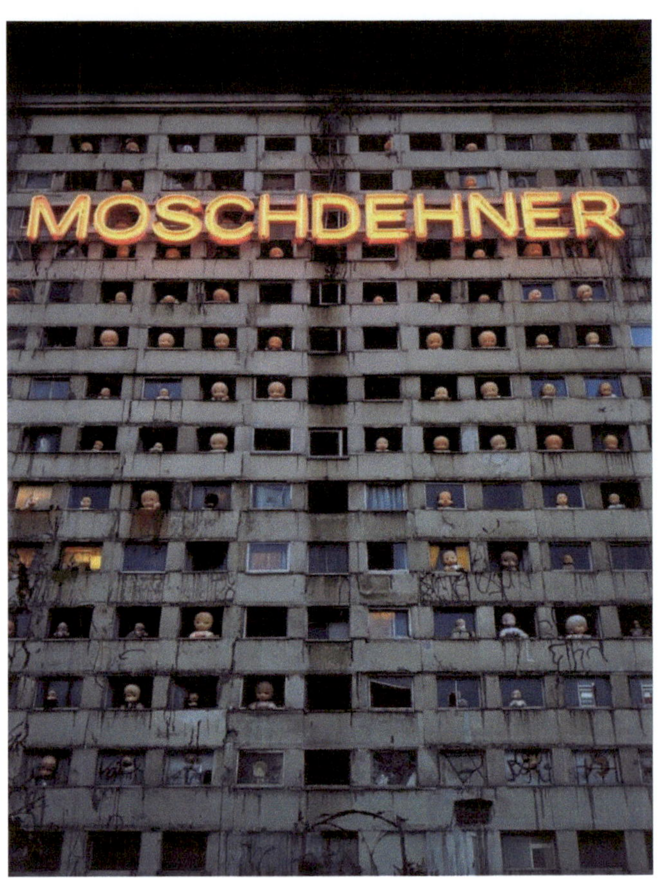
MOSCHDEHNER

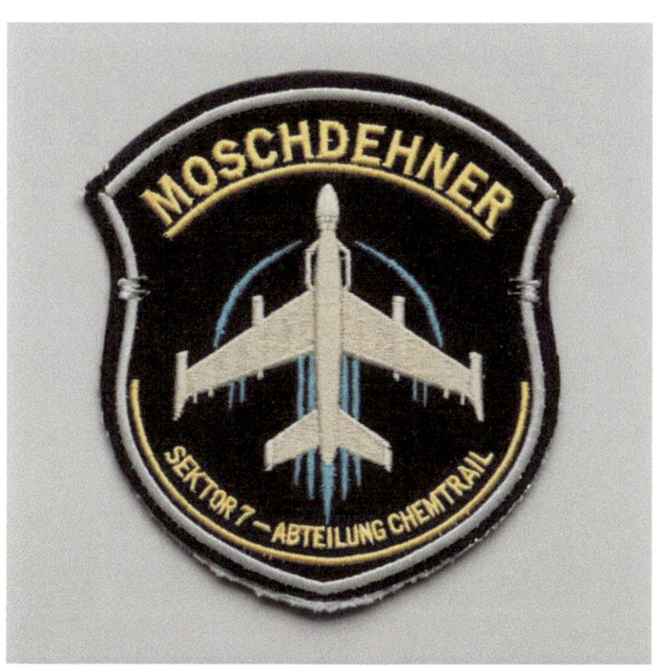
MOSCHDEHNER
SEKTOR 7 – ABTEILUNG CHEMTRAIL

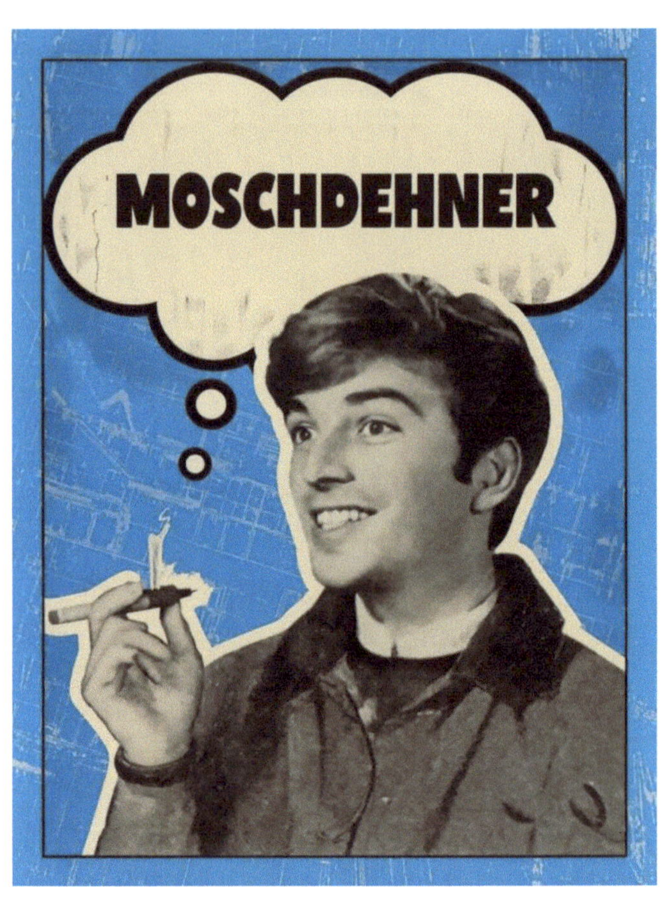

MOSCHDEHNER

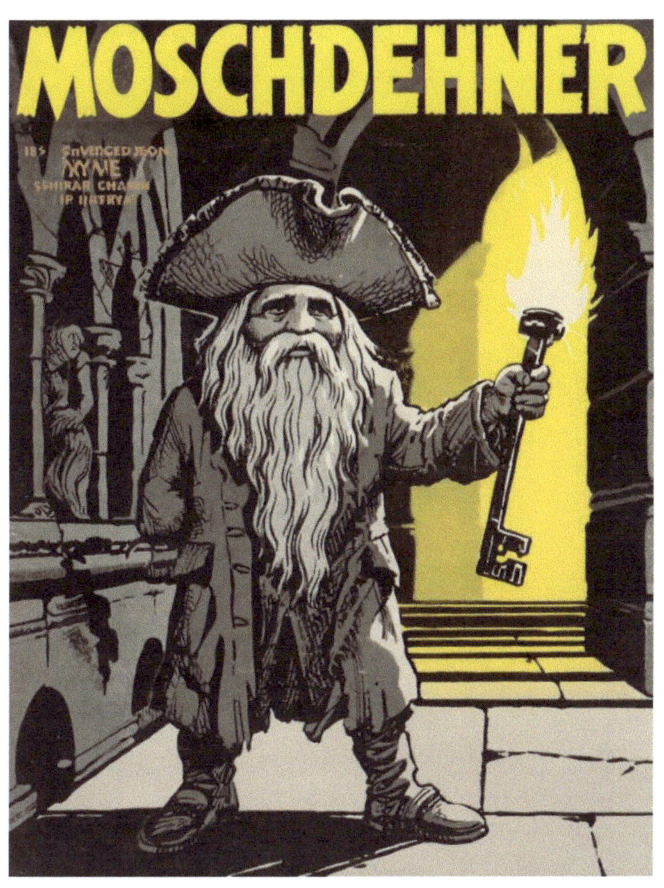

MOSCHDEHNER

MOSCHDEHNER PETERMÄNNCHEN

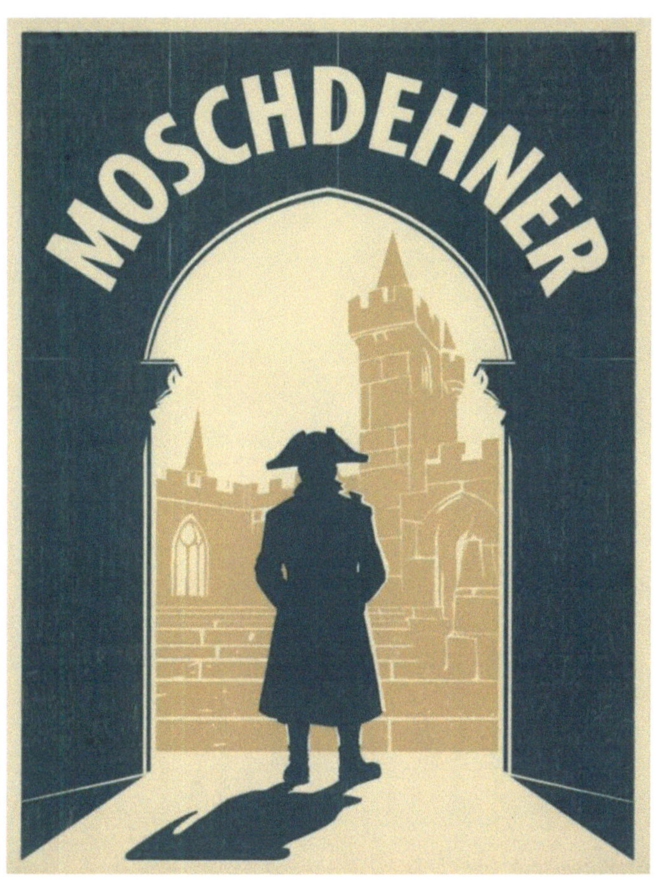
MOSCHDEHNER

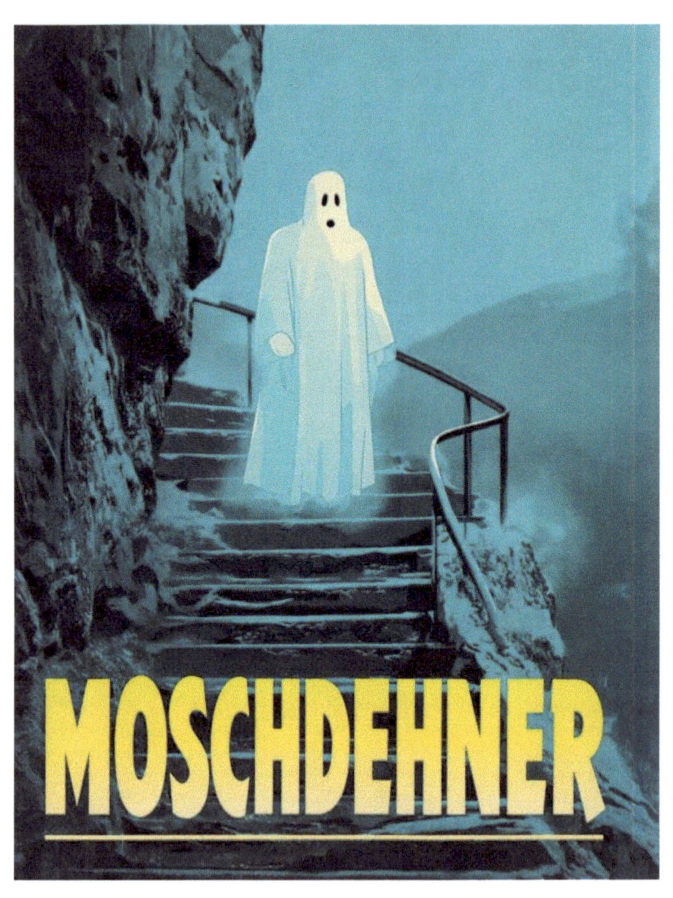MOSCHDEHNER

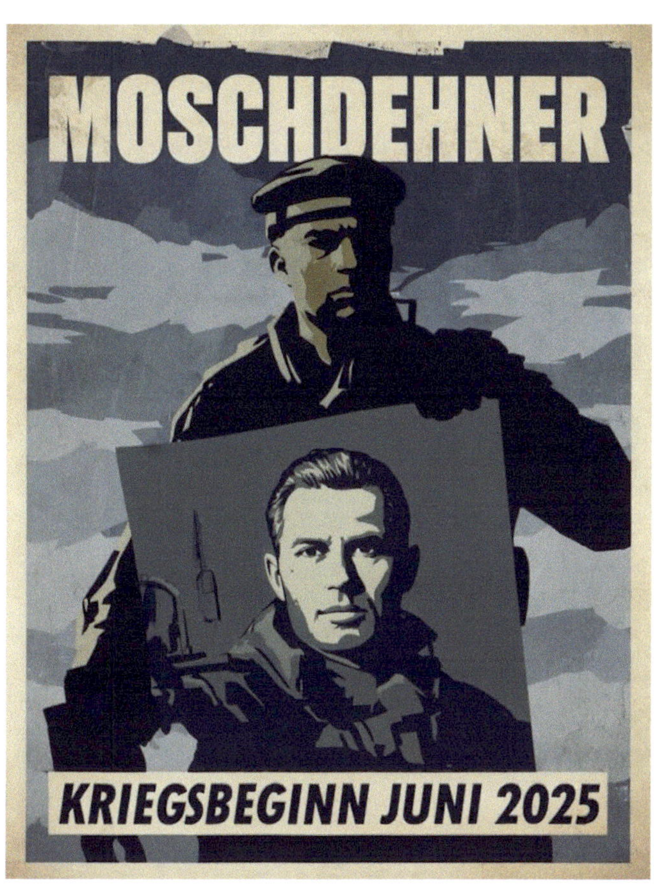
MOSCHDEHNER
KRIEGSBEGINN JUNI 2025

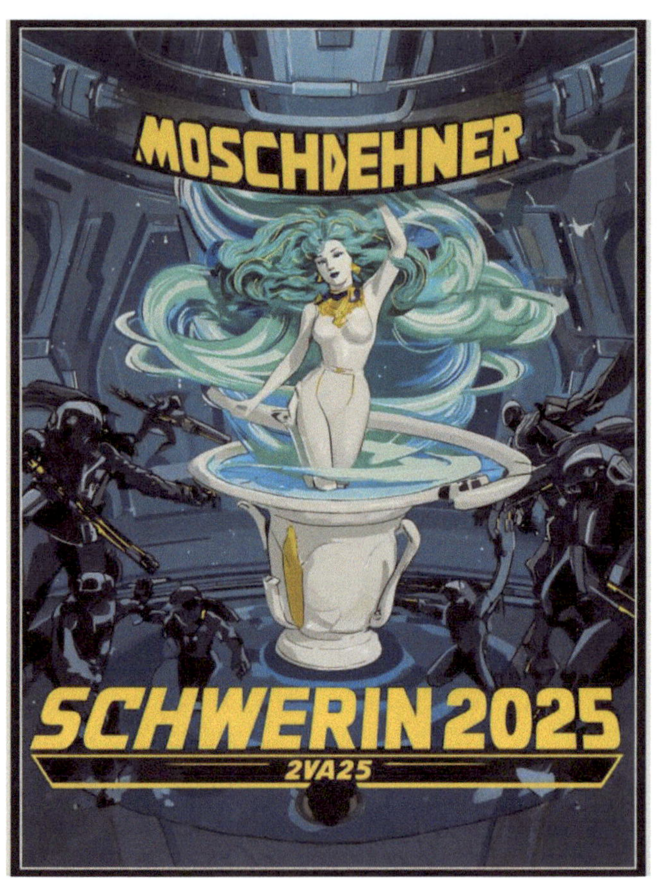
MOSCHDEHNER
SCHWERIN 2025
2VA25

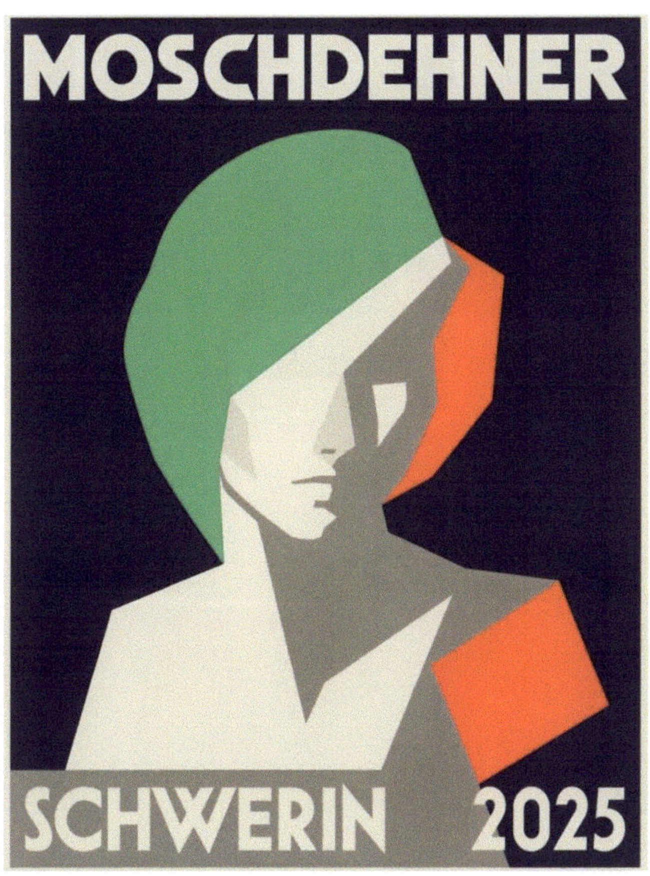
MOSCHDEHNER
SCHWERIN
2025

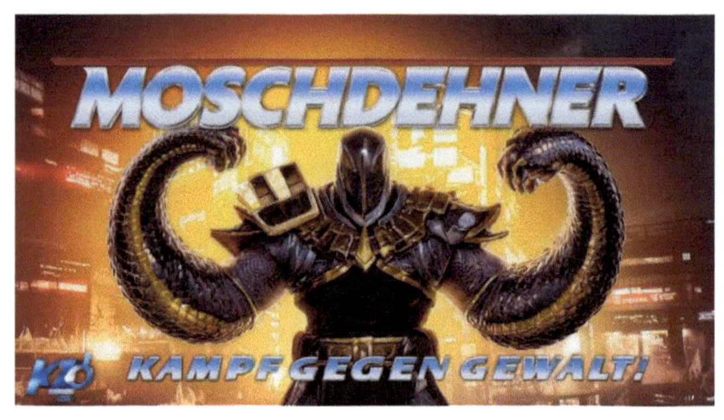

MOSCHDEHNER
KAMPF GEGEN GEWALT!

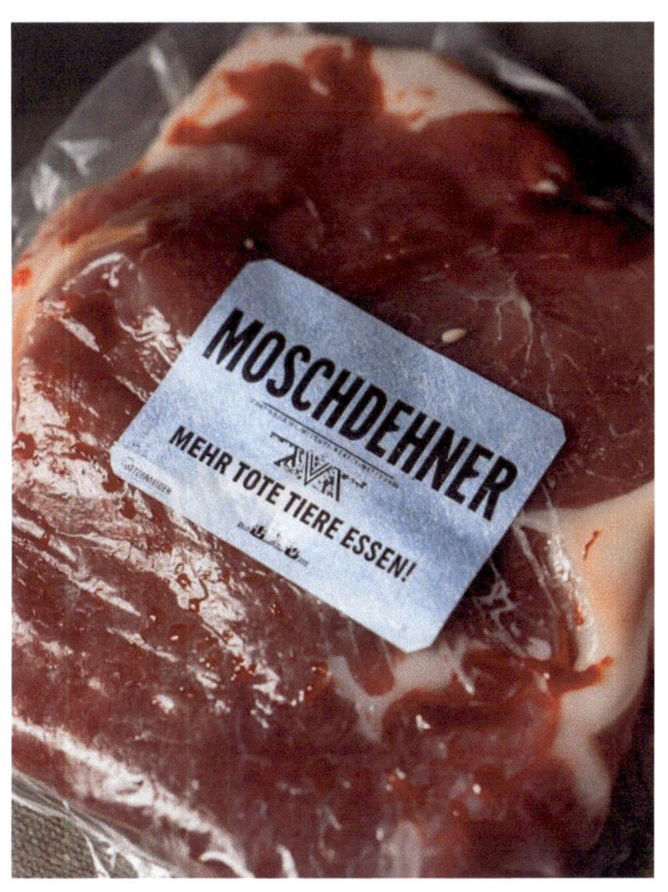
MOSCHDEHNER
MEHR TOTE TIERE ESSEN!

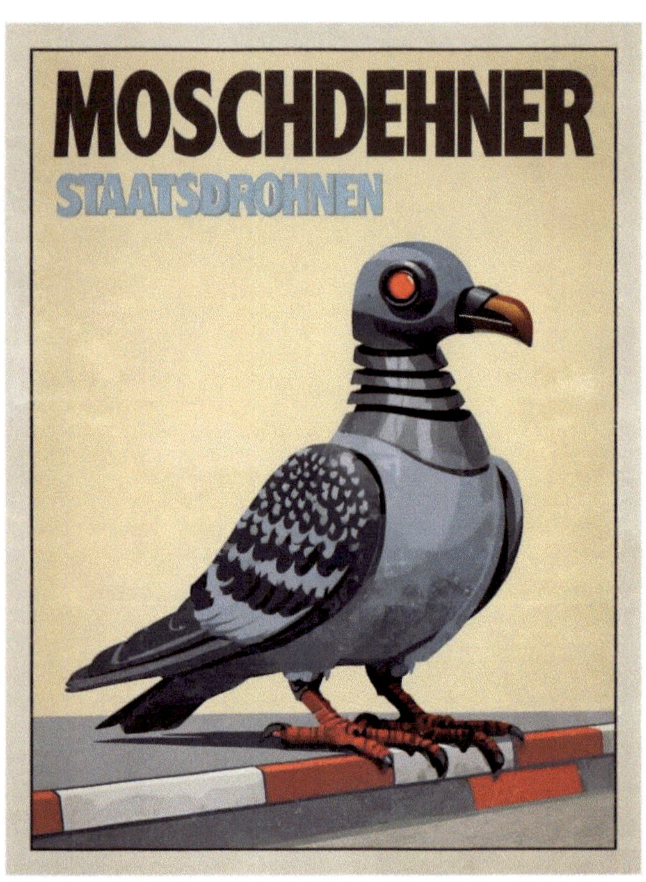
MOSCHDEHNER
STAATSDROHNEN

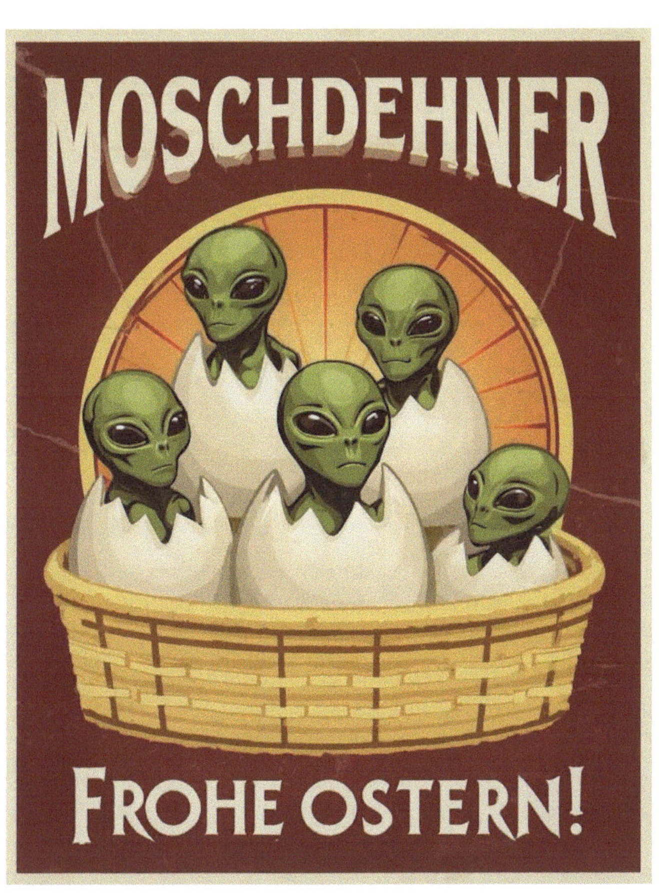
MOSCHDEHNER
FROHE OSTERN!

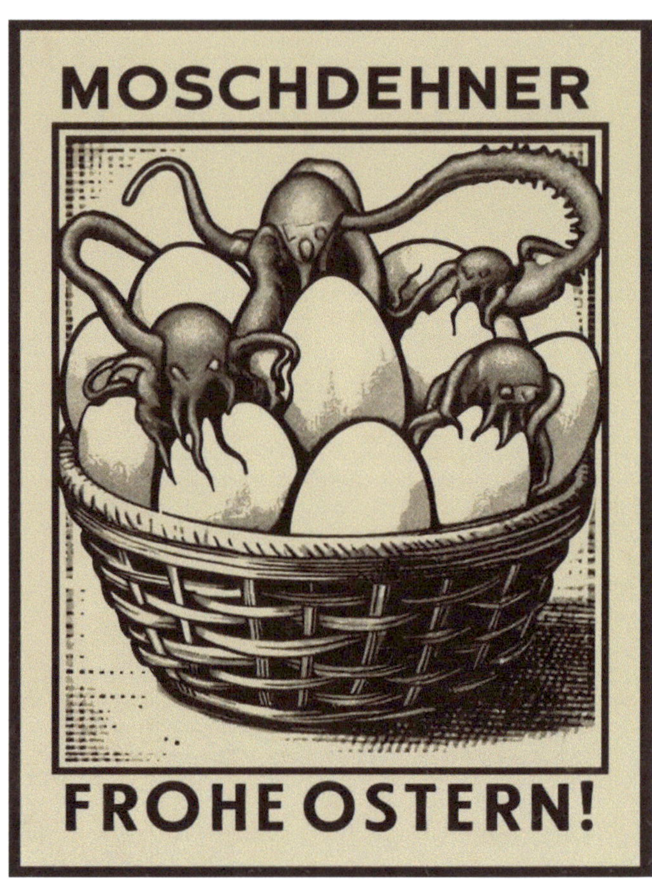

MOSCHDEHNER
FROHE OSTERN!

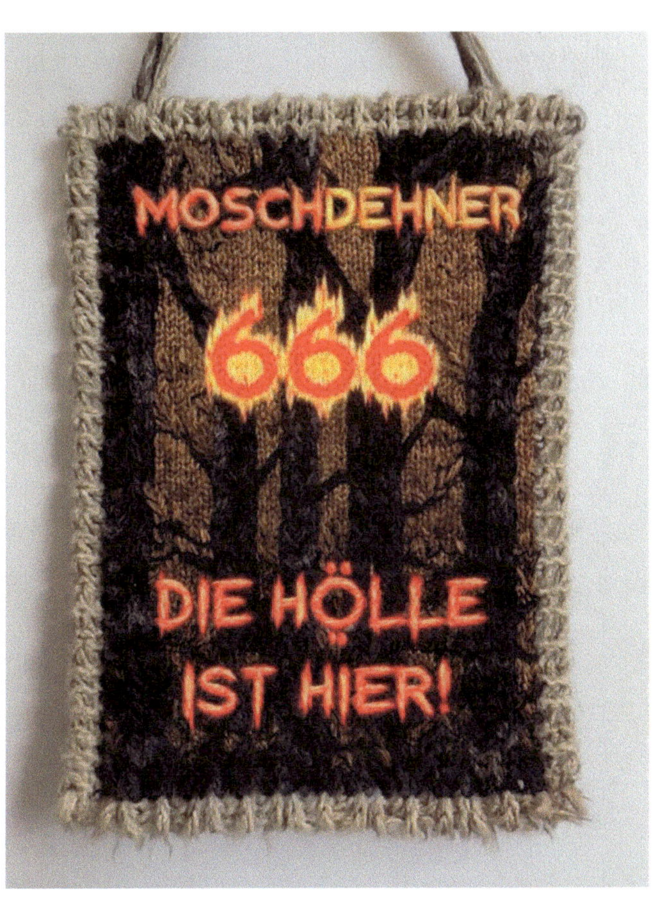

MOSCHDEHNER
666
DIE HÖLLE
IST HIER!

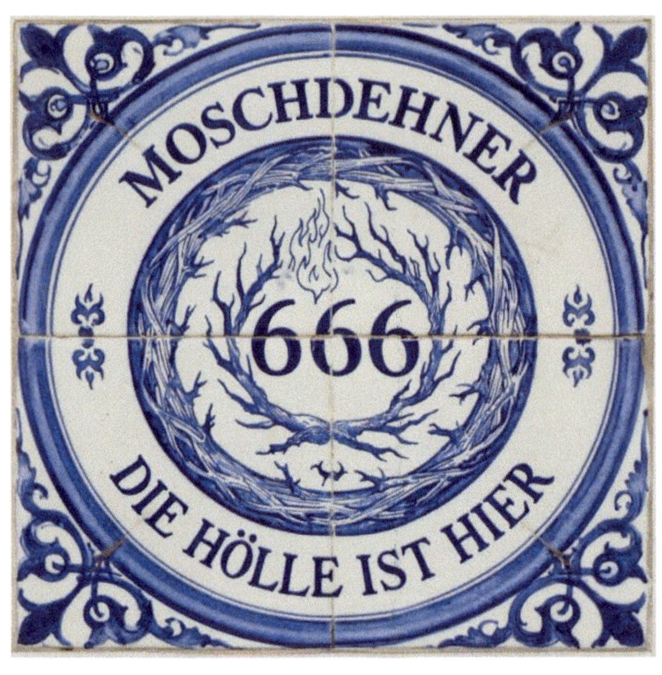

MOSCHDEHNER
666
DIE HÖLLE IST HIER

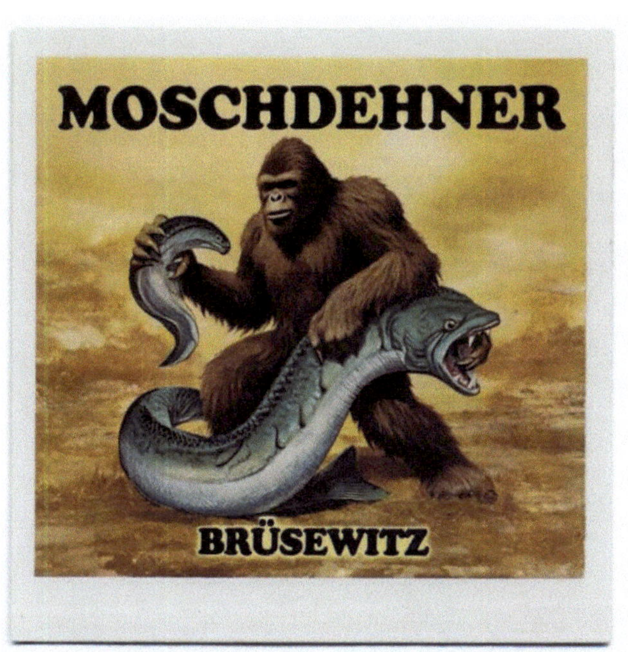

MOSCHDEHNER
BRÜSEWITZ

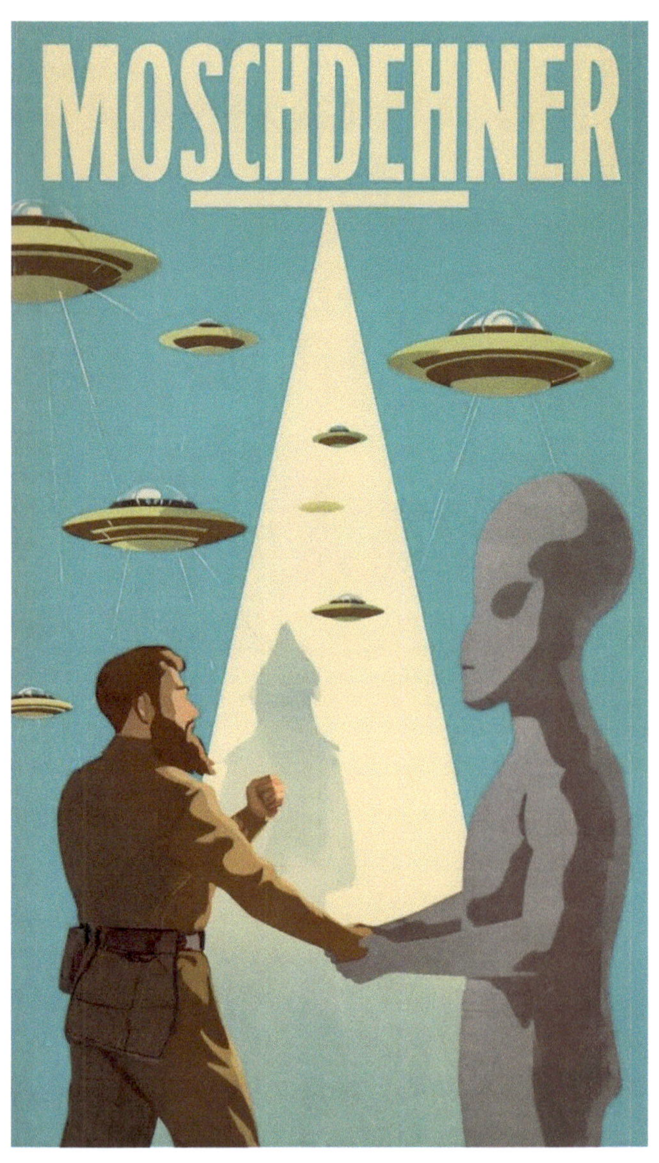

MOSCHDEHNER

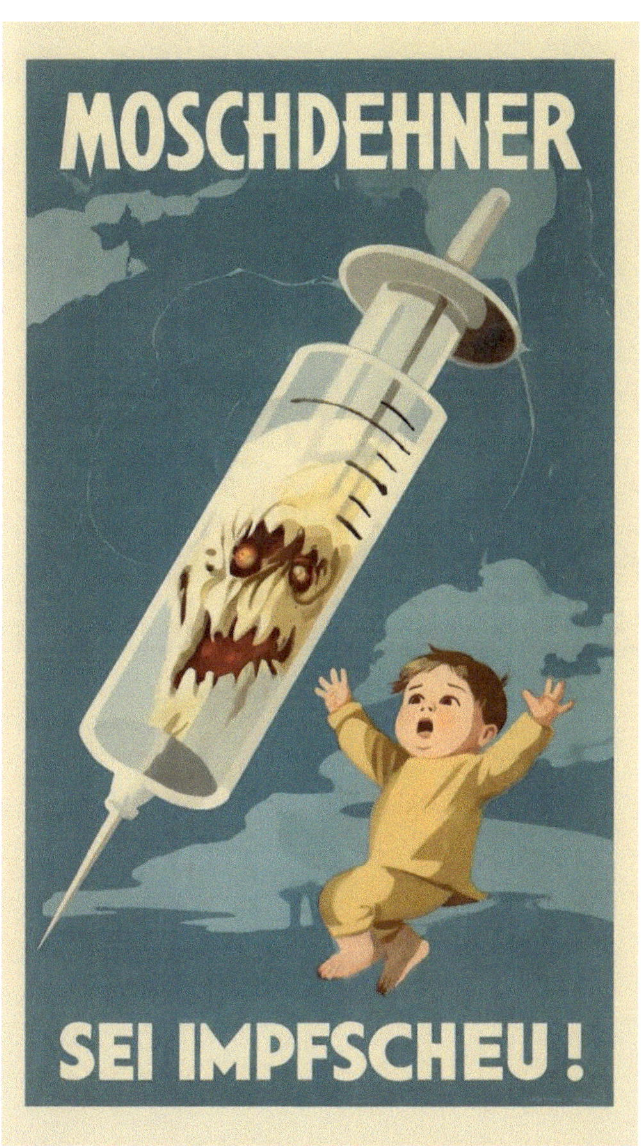
MOSCHDEHNER
SEI IMPFSCHEU !

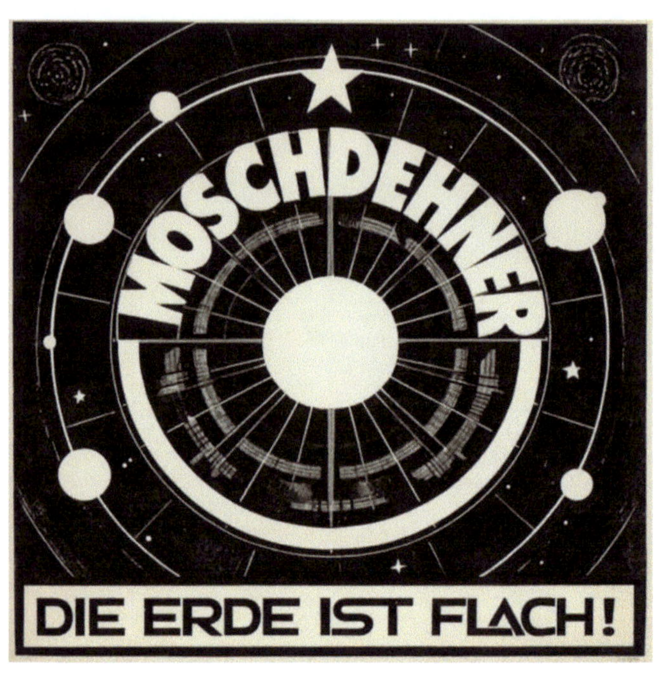

MOSCHDEHNER
DIE ERDE IST FLACH!

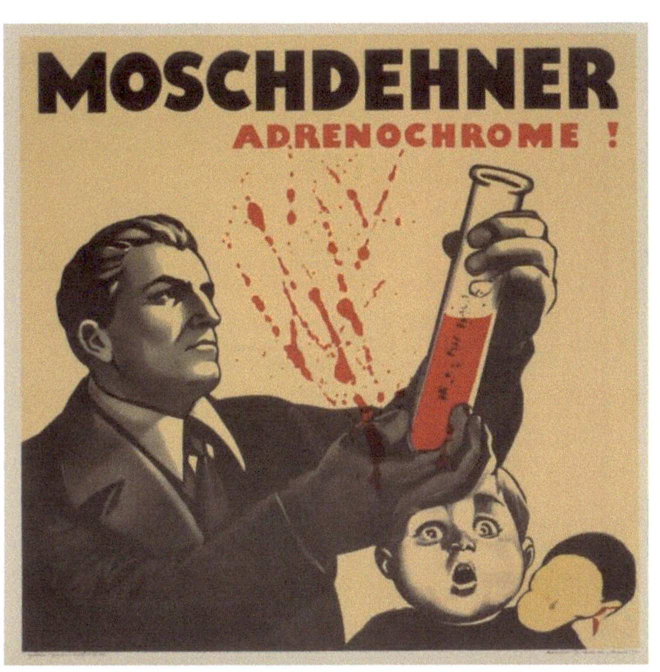

MOSCHDEHNER
ADRENOCHROME !

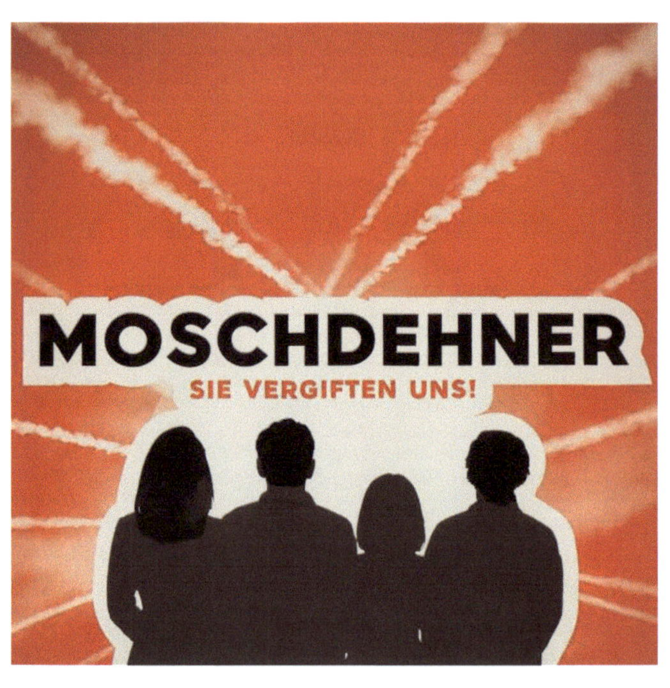
MOSCHDEHNER
SIE VERGIFTEN UNS!

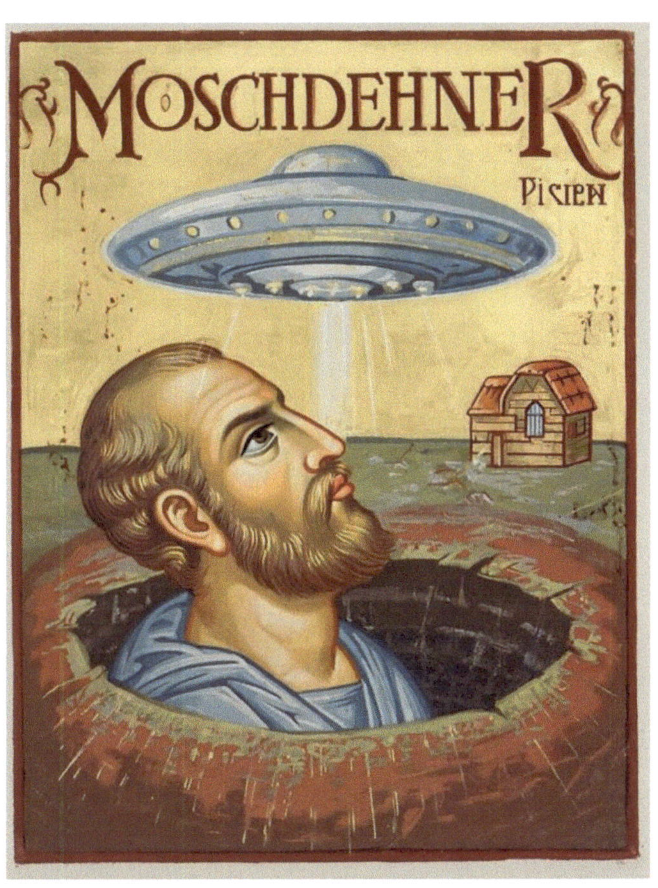

81

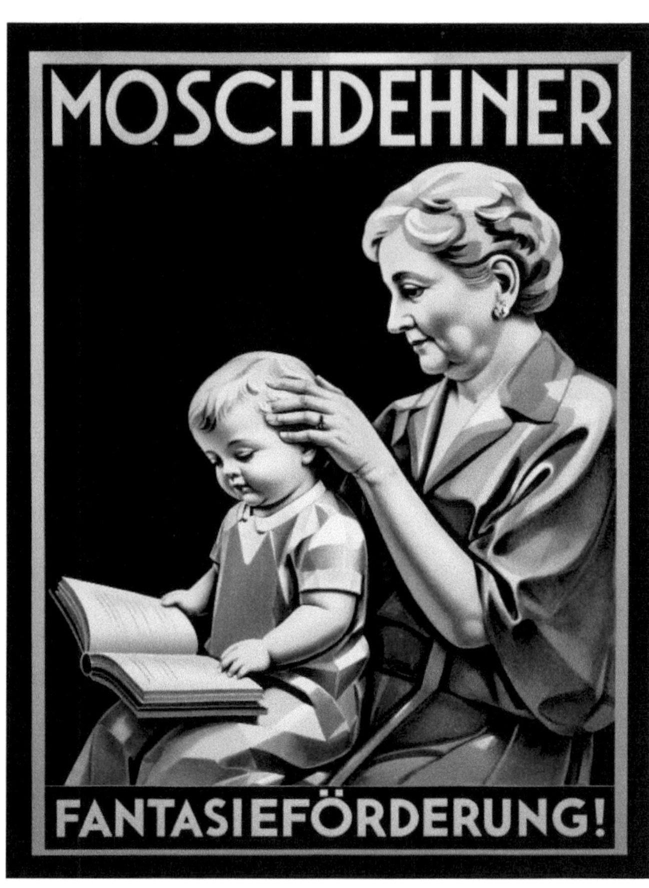
MOSCHDEHNER
FANTASIEFÖRDERUNG!

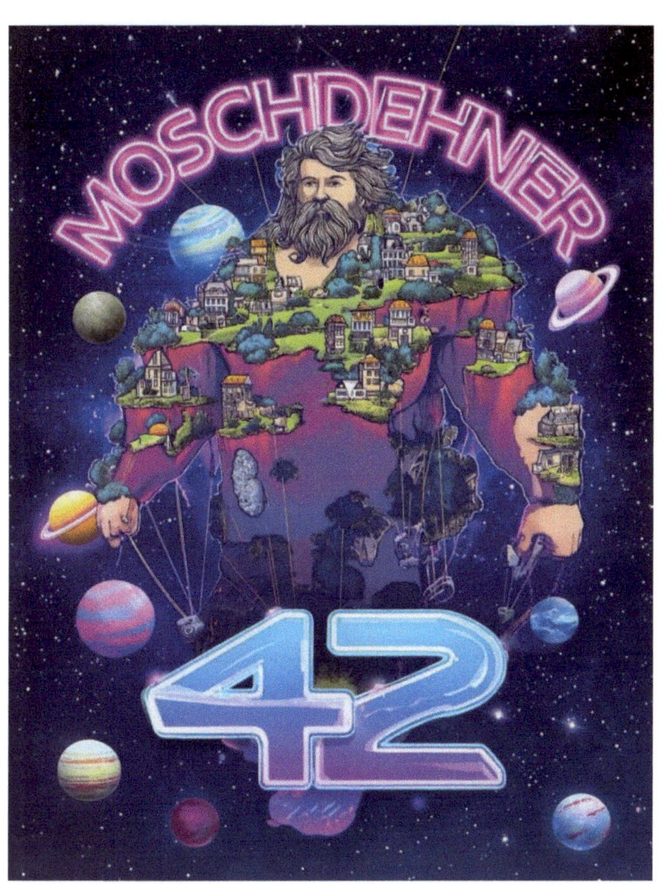
MOSCHDEHNER
42

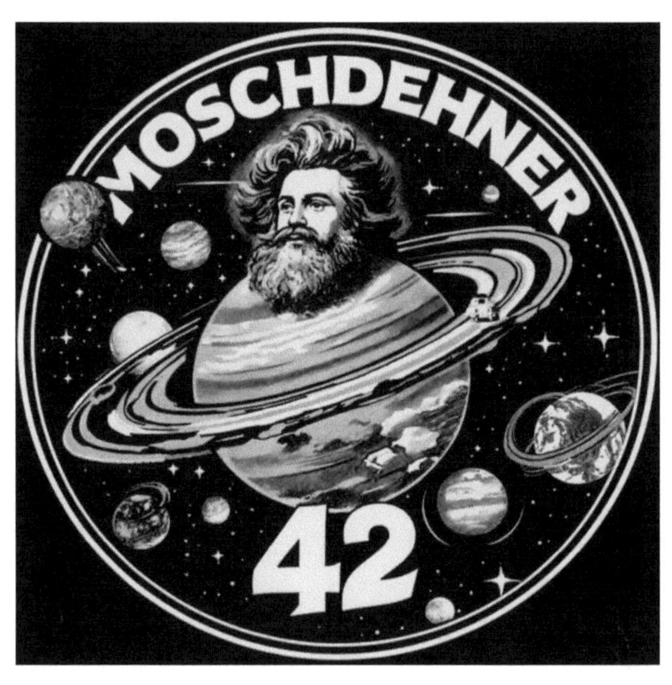

MOSCHDEHNER
42

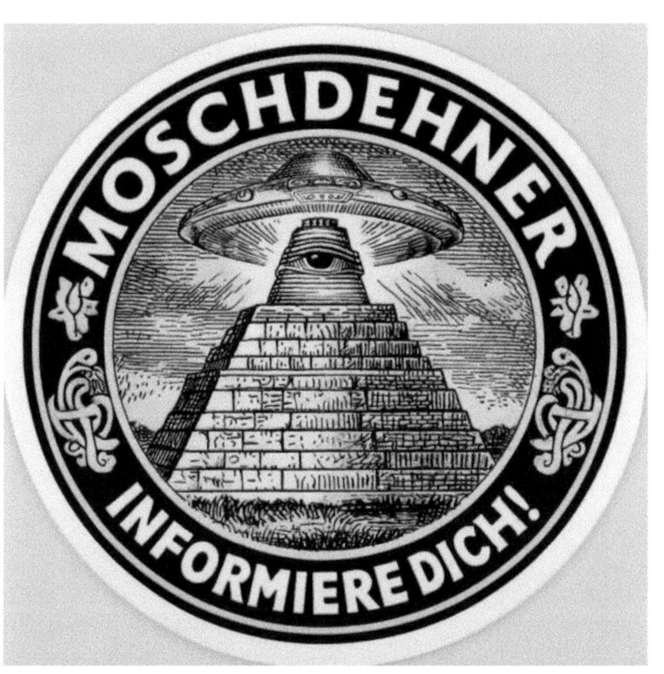
MOSCHDEHNER
INFORMIERE DICH!

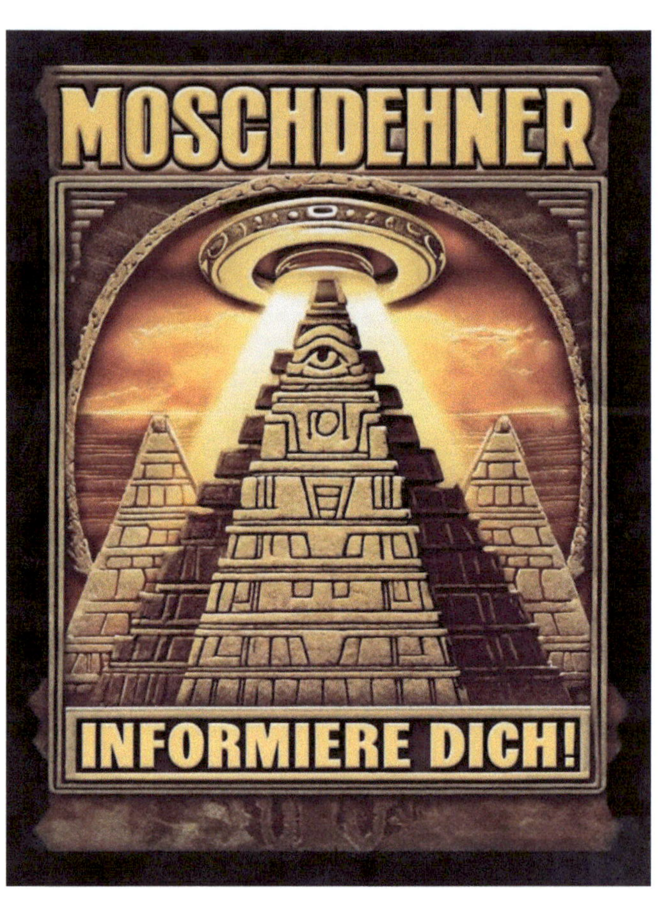

MOSCHDEHNER
INFORMIERE DICH!

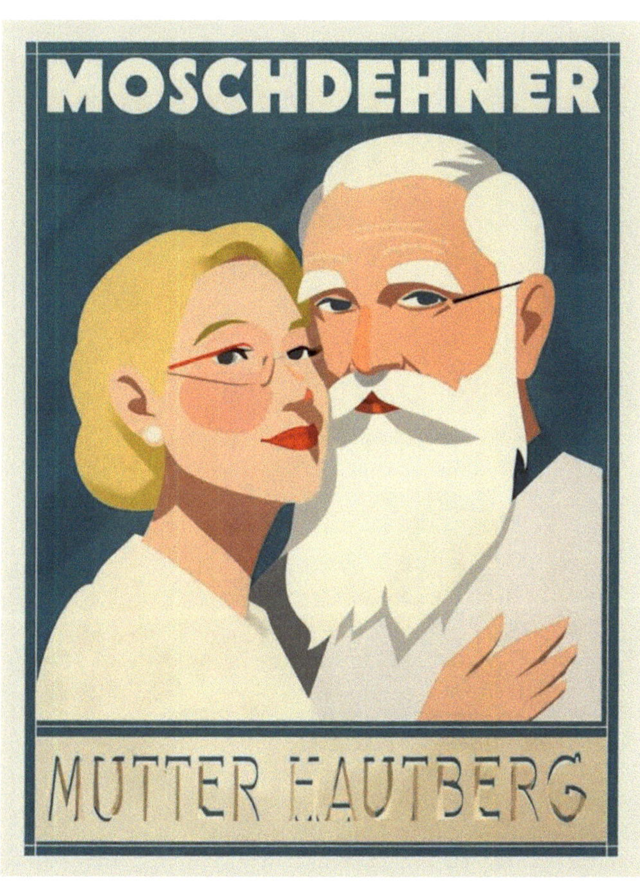
MOSCHDEHNER
MUTTER HAUTBERG

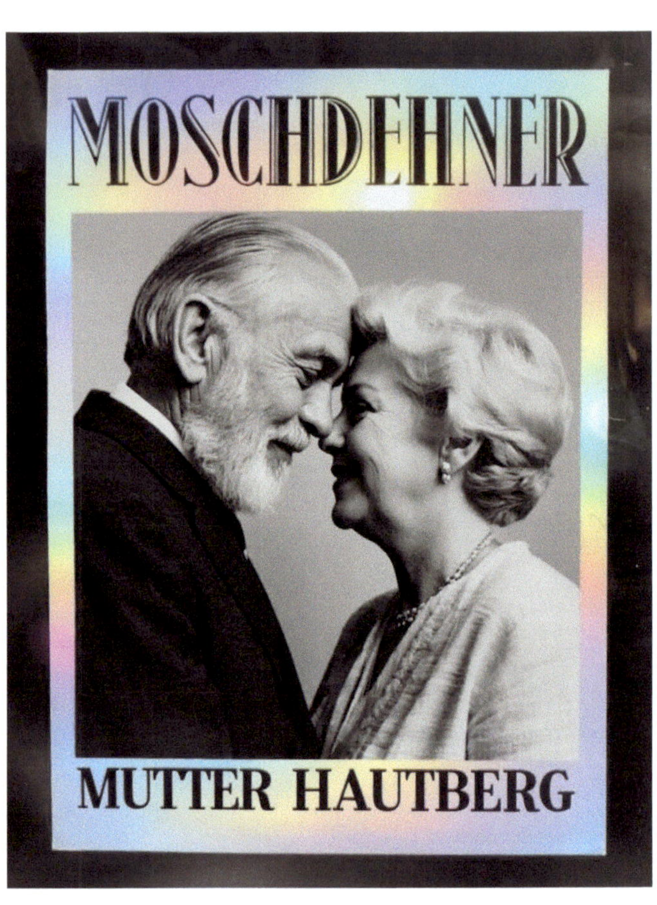

MOSCHDEHNER
MUTTER HAUTBERG

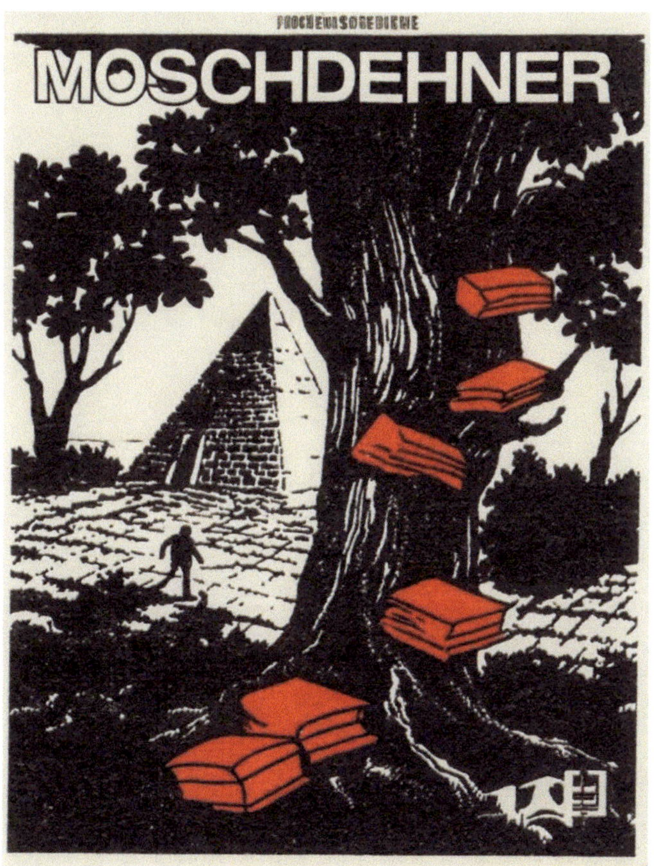

MOSCHDEHNER

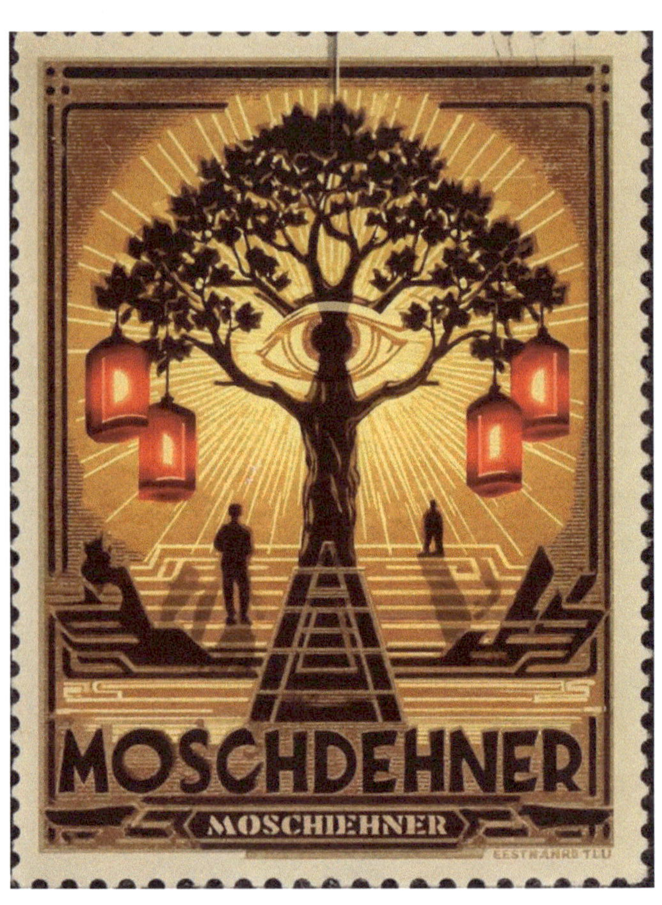
MOSCHDEHNER
MOSCHDEHNER

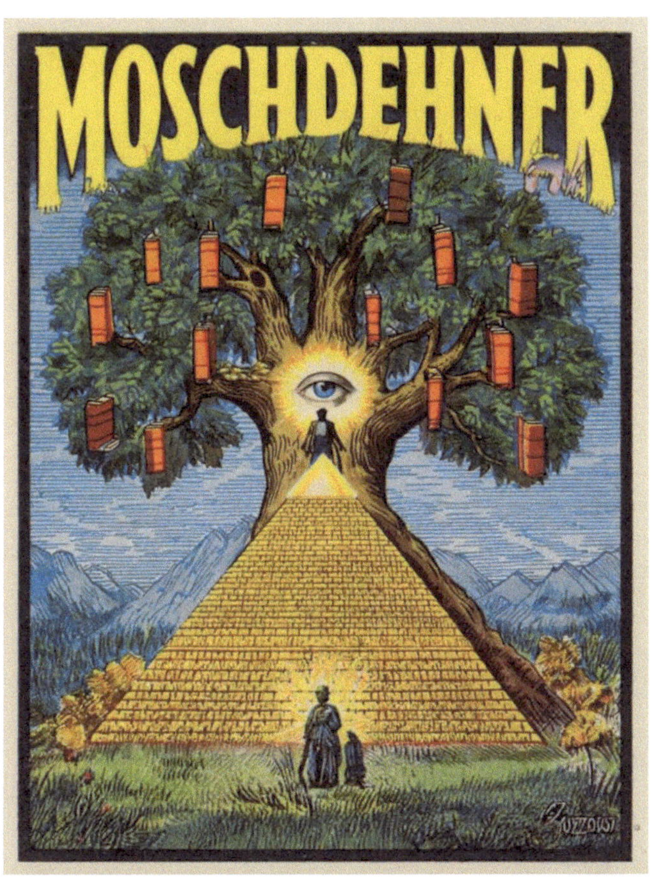
MOSCHDEHNER

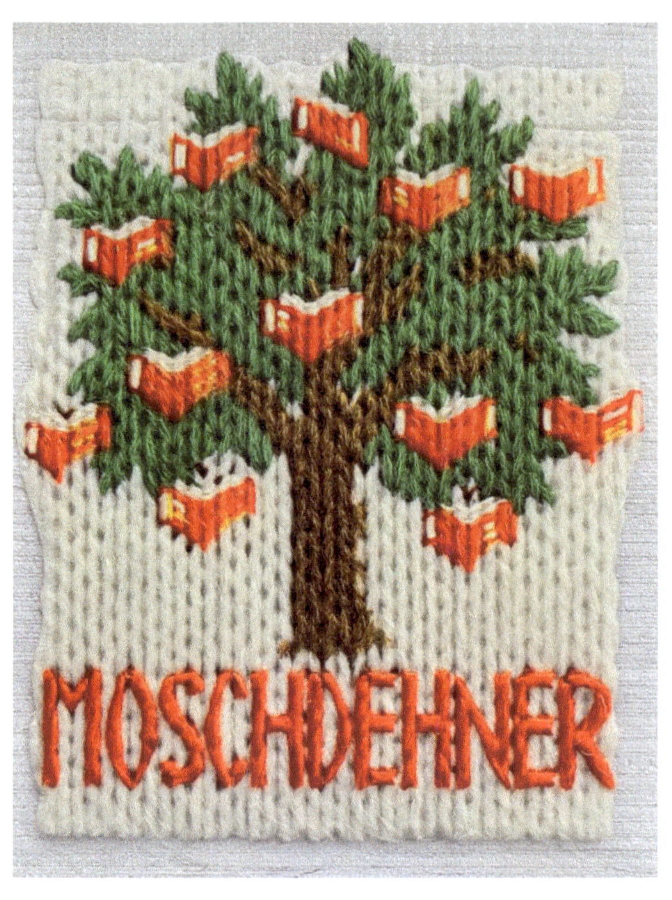
MOSCHDEHNER

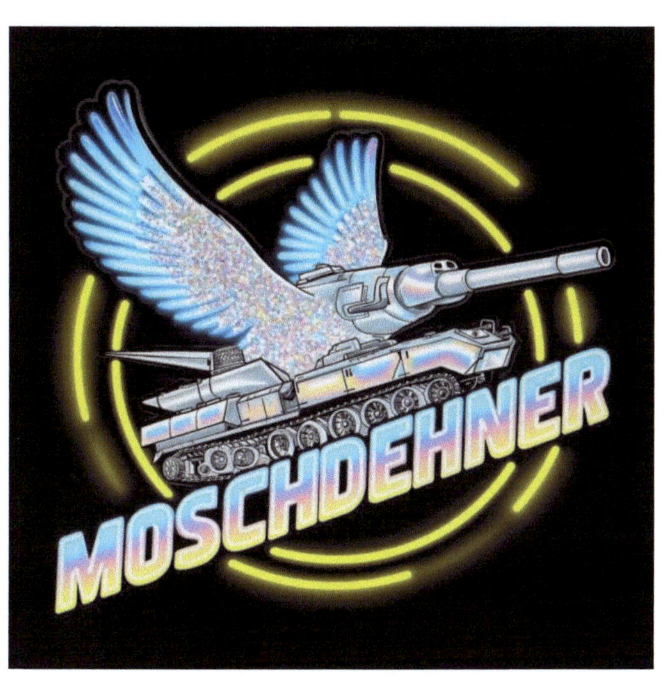
MOSCHDEHNER

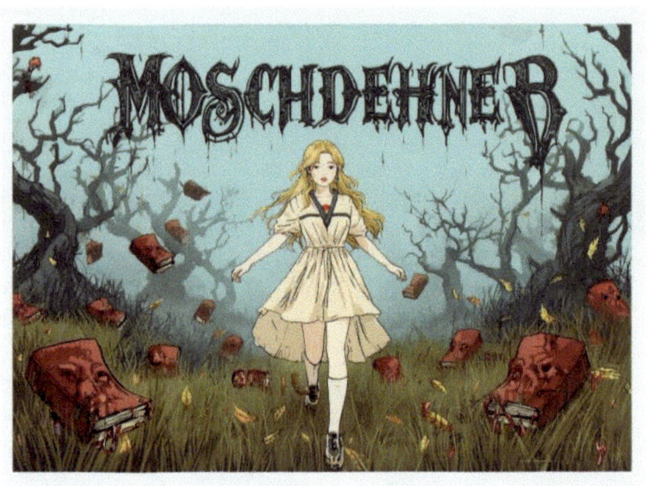
MOSCHDEHNER

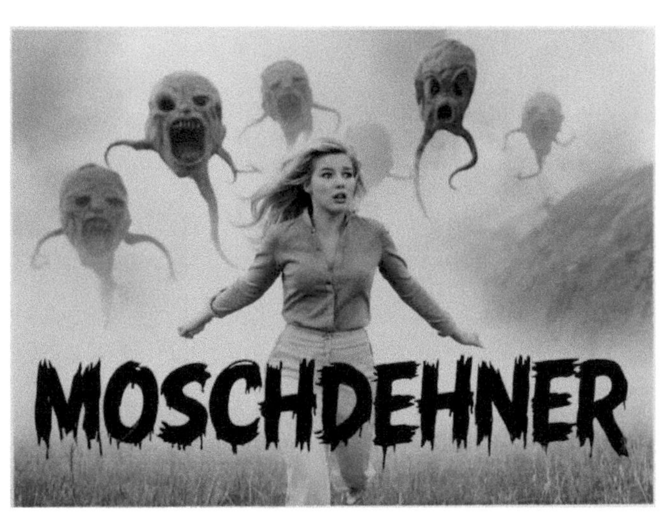
MOSCHDEHNER

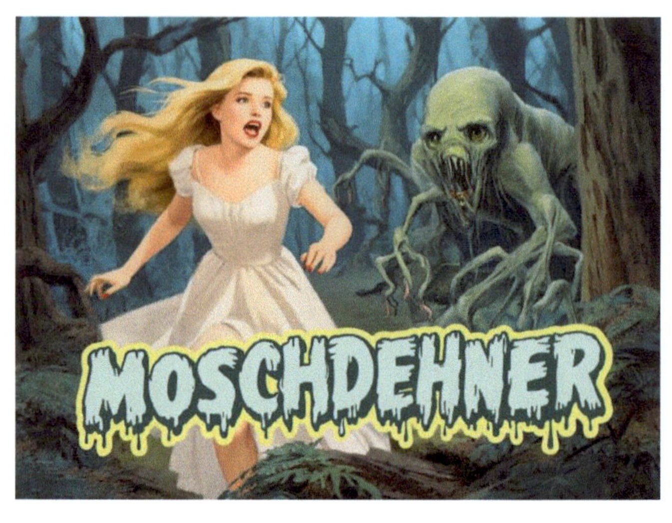
MOSCHDEHNER

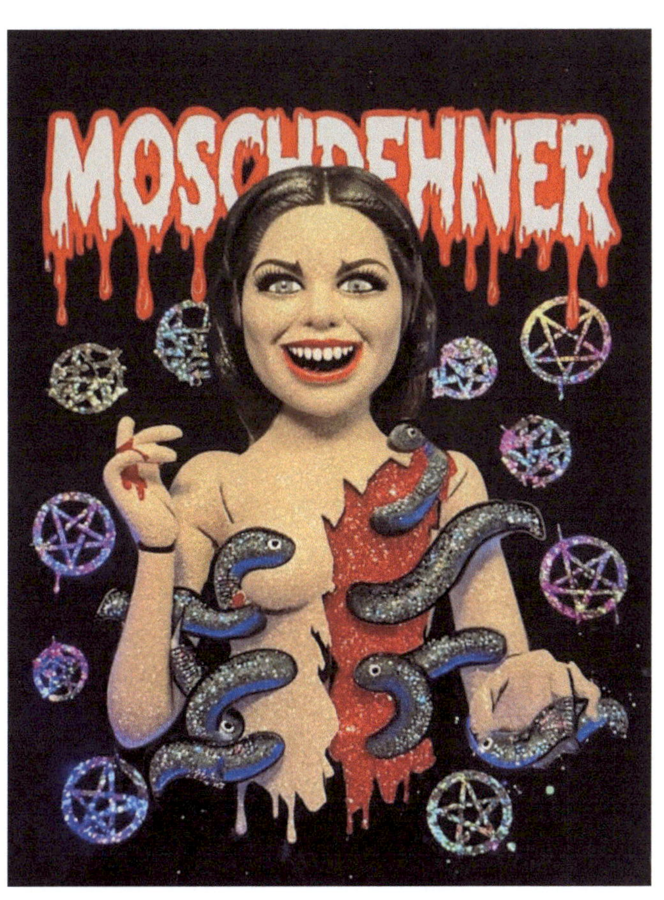
MOSCHDEHNER

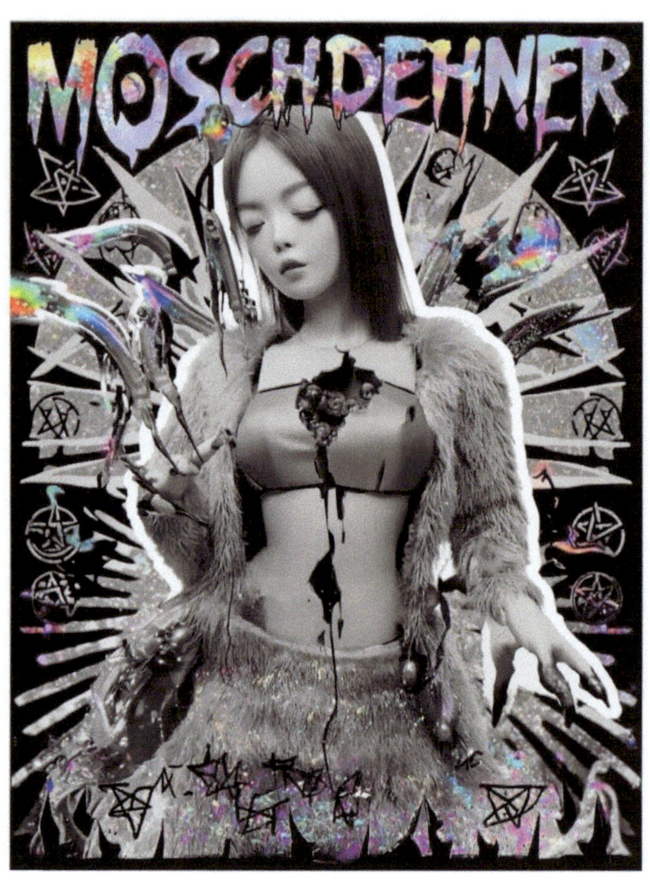

MOSCHDEHNER

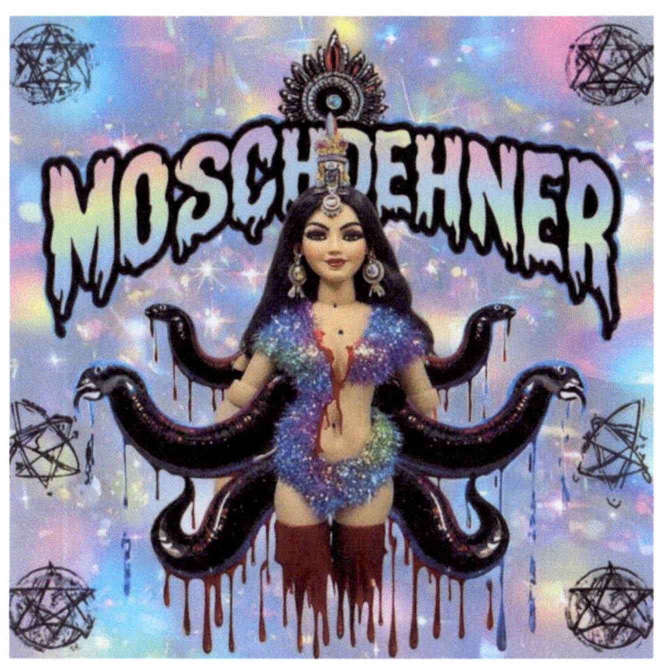

MOSCHDEHNER

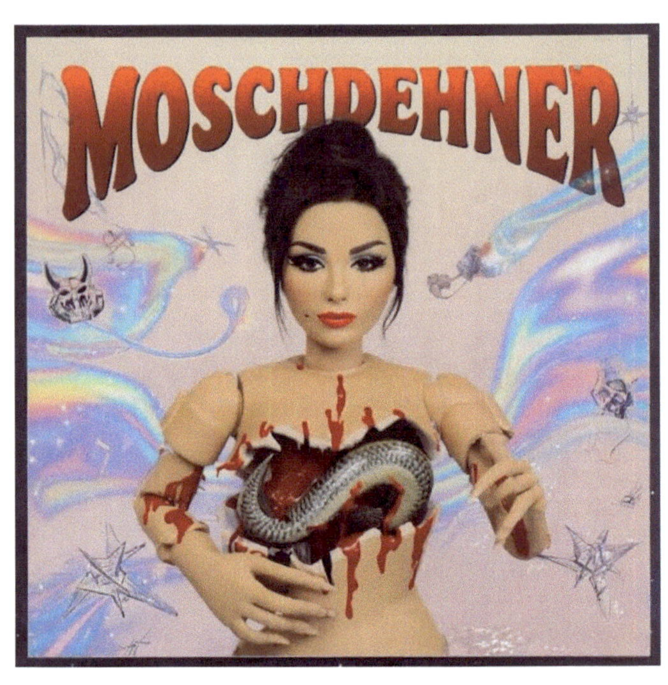
MOSCHDEHNER

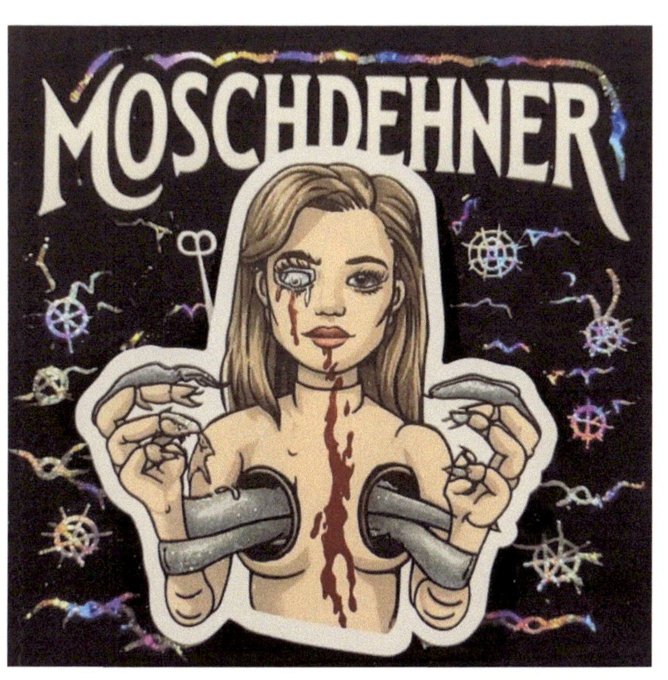
MOSCHDEHNER

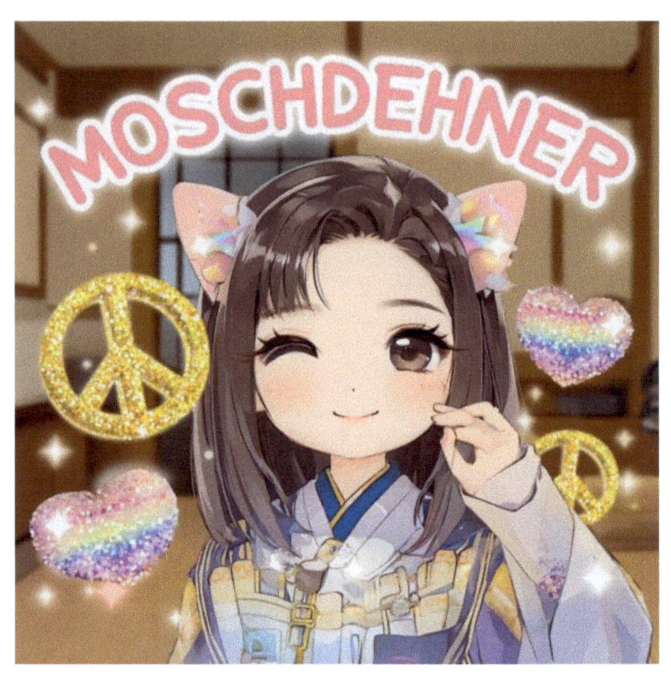

MOSCHDEHNER

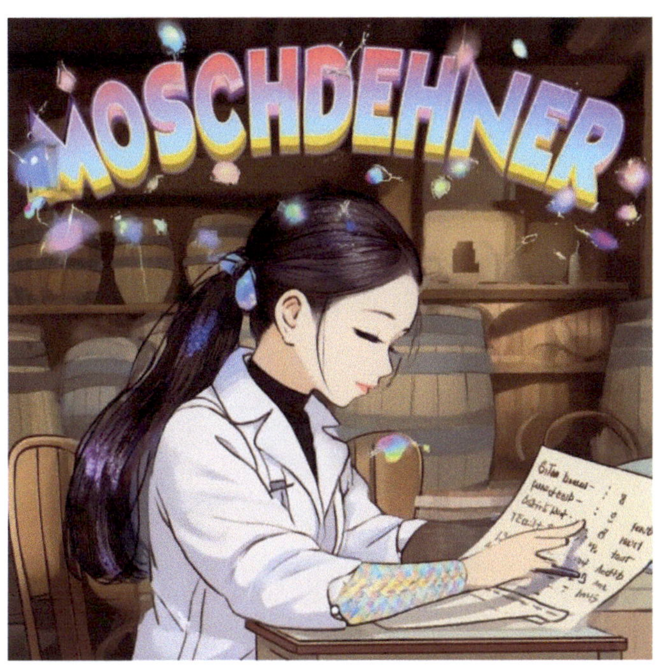

MOSCHDEHNER

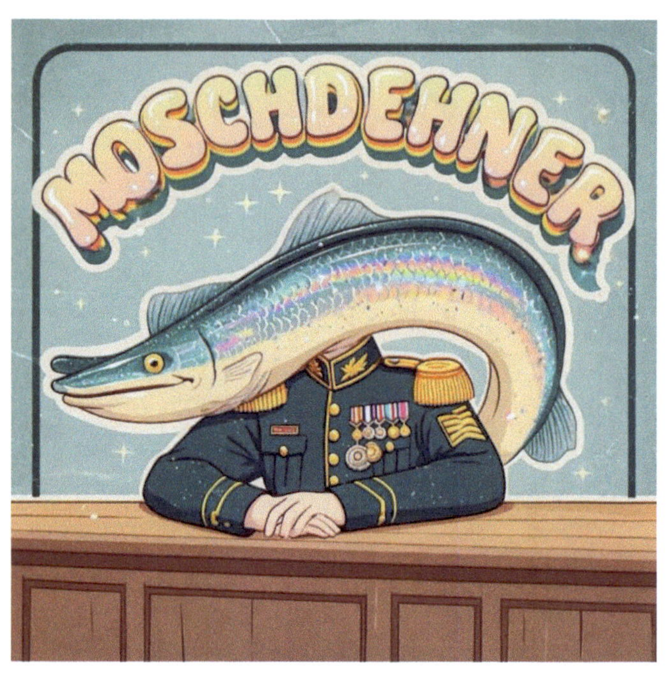
MOSCHDEHNER

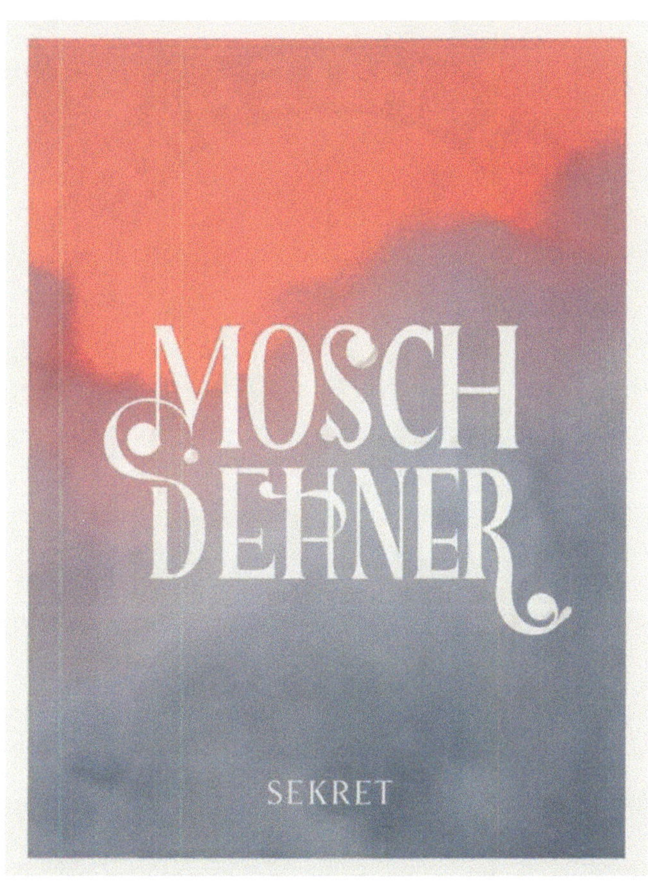
MOSCH
DEHNER
SEKRET

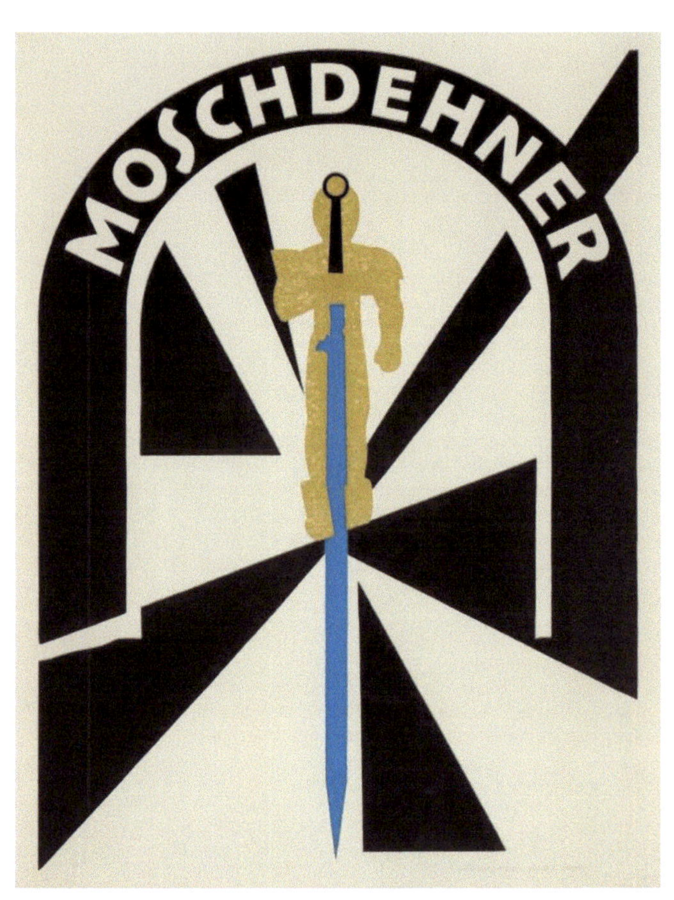
MOSCHDEHNER

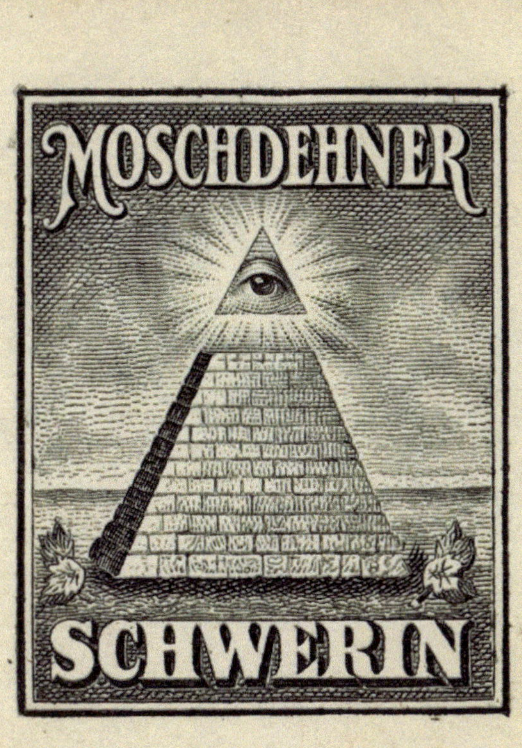
MOSCHDEHNER
SCHWERIN

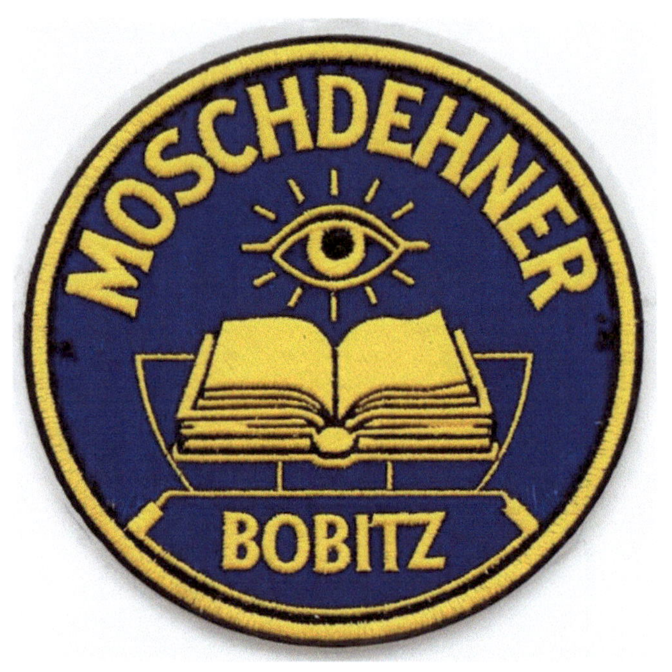
MOSCHDEHNER
BOBITZ

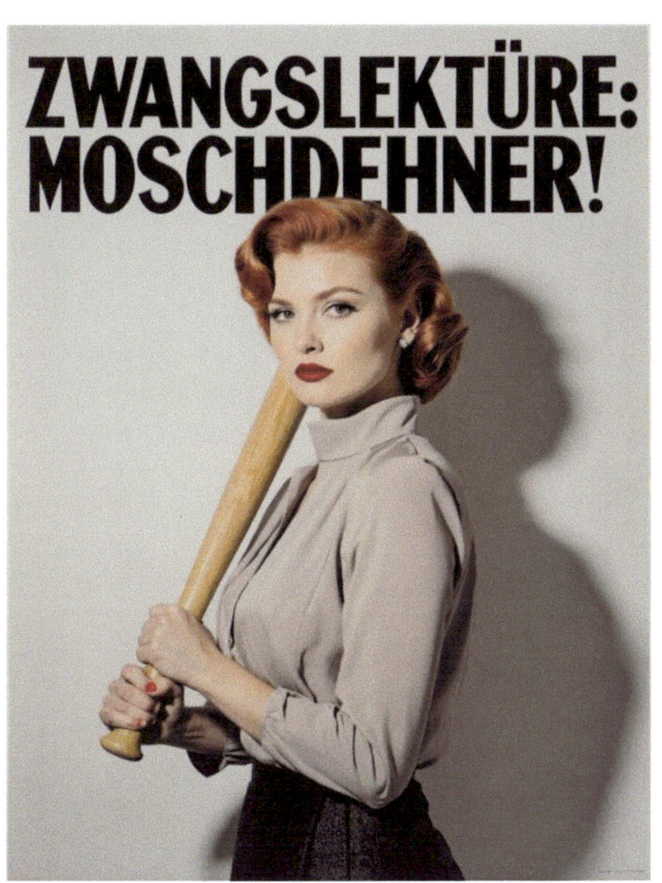

ZWANGSLEKTÜRE:
MOSCHDEHNER!

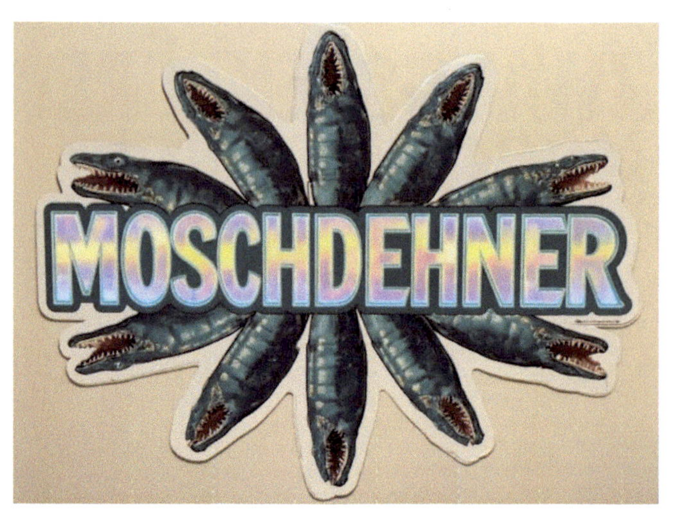

MOSCHDEHNER